WORD FOR WORD
POP
CULTURE
PUZZLES

WORD FOR WORD

POP CULTURE PUZZLES

WORD SEARCH PUZZLES FOR KIDS AGES 9-12

ROCKRIDGE PRESS

Cover and interior Illustrations by Wolfe Hanson

Written and designed by Creative Giant Inc., Rachel Bozek, Mike Thomas, Chris Dickey, and Dan Hosek.
Editor: Lia Brown

ISBN: Print 978-1-64152-598-5

INTRODUCTION

In today's technology-obsessed world, it's become rare to see someone without a smartphone in hand. Games and classic activities such as word search puzzles offer a refreshing way to both unplug and improve brain function through building vocabulary, spelling, and word and pattern recognition.

With this in mind, the purpose of **Word for Word: Pop Culture Puzzles** is to create a fun and engaging way to encourage learning away from the screen. Completing puzzles increases a child's confidence and this book helps reinforce their learning with a gradual increase in difficulty, which boosts the reward. Positive language and messages about everything from time with friends, to the school experience, to using the internet responsibly have been woven throughout this book with an eye to the very issues children ages 9-12 face on a daily basis.

As your child makes their way through the puzzles, opportunities arise to both assist and join in on the fun. Each page contains approximately 15 words to find, with the correct answers running forward, vertical, diagonal, and, as the puzzles get harder, backwards. Themes are fun and meaningful, with the idea of adding value into both your child's and your life.

Happy searching!

INSTRUCTIONS

Search each puzzle for the list of words or clues we provide. You only need to find the words that are CAPITALIZED in the word list. Words can appear forward, vertical, and diagonal directions to start. As you go through the book the puzzles get harder, and larger, and words will be backward, and in all directions.

Some puzzles may be trickier than others—try using a pencil with an eraser instead of a pen!

Check out the sample puzzle below, and HAVE FUN!

WORD LIST

Some words are **FORWARD**

Notice that words that are **BACKWARD** can be vertical, horizontal, or diagonal two different ways.

Look for **VERTICAL** words and horizontal ones.

Some are **DIAGONAL**.

It can be **TRICKY**, so use a **PENCIL**

TIP!

When making your way through these puzzles, some topics might appeal to you more than others. Instead of skipping, try sharing with a friend or parent to see if they would like to join in on the fun!

VIDEO GAMES

Do you love playing video games?
See if you can level up to find every word
from this all-things-video-games word list!

WORD LIST

GAMING

MADDEN

FORTNITE

ANGRY BIRDS

POKEMON

SUPER SMASH BROS

BOWSER

ZELDA

CONTROLLER

MINECRAFT

EASTER EGGS

GLITCHING

NOOB

CHEAT CODE

GAME OVER

```
P  S  S  Z  G  F  O  R  T  N  I  T  E  S
G  O  P  C  H  E  A  T  C  O  D  E  B  U
M  A  K  M  A  D  D  E  R  O  D  P  F  P
Y  Z  M  E  A  N  G  R  Y  B  I  R  D  S
S  U  P  E  R  S  M  A  S  H  B  R  O  S
Y  L  E  D  O  M  I  N  E  C  R  A  F  T
F  D  X  W  U  V  Y  P  O  K  E  M  O  N
E  A  S  T  E  R  E  G  G  S  N  O  O  T
R  B  O  W  S  E  R  R  R  Z  U  Z  R  I
G  A  M  I  N  G  L  I  T  C  H  I  N  G
C  O  N  T  R  O  L  L  E  R  O  P  I  S
F  R  S  G  X  P  K  Z  E  L  D  A  T  Y
U  H  C  E  R  C  U  O  D  L  I  I  E  X
I  N  I  G  M  A  D  D  E  N  B  L  G  J
```

ANSWERS ON PAGE 100

STATE CAPITALS

Test your knowledge! Name the capital for each of these U.S. states, then find it!

WORD LIST

B_____ Louisiana		M_____ Wisconsin	
C_____ South Carolina		R_____ Virginia	
D_____ Colorado		T_____ Florida	
H_____ Hawaii		O_____ Kansas	
T_____ New Jersey		A_____ Texas	
S_____ California		A_____ New York	
B_____ North Dakota		B_____ Massachusetts	
S_____ Minnesota			

```
S  B  M  H  O  N  O  L  U  L  U  X  U  T  R
A  I  B  A  T  O  N  R  R  A  A  C  K  A  I
I  S  A  I  N  T  P  A  U  L  U  O  S  L  C
N  M  T  S  O  G  M  N  A  B  S  L  A  L  H
T  A  O  A  K  M  E  S  U  A  T  U  C  A  M
P  R  N  S  L  A  A  J  S  N  I  M  R  H  O
E  K  R  L  A  L  D  D  T  S  N  B  A  A  N
T  W  O  B  H  B  A  E  I  B  J  I  M  S  D
E  T  U  I  O  A  O  H  N  S  O  A  E  K  K
R  R  G  S  M  N  J  S  A  V  O  S  N  F  B
S  E  E  M  A  Y  M  I  T  S  E  N  T  X  O
S  N  I  A  C  W  M  A  D  I  S  O  O  O  S
K  T  W  R  I  C  H  D  E  N  V  E  R  O  T
K  D  G  C  T  C  O  L  U  M  B  I  E  W  O
P  K  C  K  Y  Z  T  R  T  R  E  N  T  O  N
```

ANIMATED MOVIES

How many of these popular animated movies can you find in the list below?

WORD LIST

DESPICABLE ME
the INCREDIBLES
TOY STORY 4
THE LEGO MOVIE
PINOCCHIO
ICE AGE
SHREK
hotel TRANSYLVANIA

captain UNDERPANTS
WRECK-IT RALPH
FROZEN
UGLYDOLLS
ANGRY BIRDS
KUNG FU PANDA
the LION KING

```
T R A N S Y L V A N I A E I K
U U G L Y D O L L S C N U D U
O N I A H U F W N T E G W E N
K D D N A N G R Y B I R D S G
U E T E C Y G E O Z H Y L P F
N R T R R R C A Z R B I I U
G P U H A P E K T L E I O C P
F A O Z E N A D Z O K N N A A
U N H 4 A L S N I Q Y U K B N
P T J S H R E K T B X S I L D
I C E A G E B G R S L R N E A
T H E L E G O M O V I E G M B
T O Y S T O R Y 4 M U O S E M
D K 4 P I N O C C H I O X 4 N
Z W R E C K I T R A L P H T G
```

ANSWERS ON PAGE 100

CANDY

WORD LIST

LOLLIPOP	MARSHMALLOW
NOUGAT	PEPPERMINT
CHOCOLATE	CANDY CANE
TAFFY	BUTTERSCOTCH
GUMBALL	MALTBALLS
LICORICE	TOFFEE
GUMMY BEARS	PEANUT BRITTLE
CARAMEL	

How sweet it is! See if you can find all 15 sugary treats listed below.

```
L S A B A P E P P E R M I N T
M T M G U M B A L L R A R O A
P E A N U T B R I T T L E U G
Z C L C O M T G C O A T C G U
B Z T N L C M E O F O F S A M
J U B N O A H Y R F T A F T B
N W A E L R R O I S W L F Y E
O E L T L A B B C T C L M T A
U T L P I M S E E O D O S K R
G O S T P E A A A F L X T P S
A F L Q O L W R V F Y A L C W
M F S R P F F S S E R C T L H
C E G U M M Y B E A R S A E P
F E S C H O C A N D Y C A N E
P J M A R S H M A L L O W D E
```

WORLD SPORTS

From backyards, to neighborhood parks, to international competitions, the sports listed below are enjoyed in countries around the world.
See how many you can find!

WORD LIST

FOOTBALL	TRIATHLON
RUGBY	CURLING
CRICKET	FIGURE SKATING
DIVING	HOCKEY
ARCHERY	FENCING
WRESTLING	JUDO
GYMNASTICS	CYCLING
SKIING	SWIMMING

```
Z F O O T B A L G T C F H M
N C I E P Z R C U R L I N G
V L R G H H C H X I C F A E
Y S U I U R O S K I I N G R
U A G S C R J C D A W W J F
T R B W Y K E U K T A R V O
R C B I C M E S D E X E F O
I H Q M L Y D T K O Y S E T
A E J M I S C I B A C T N B
T R I I N K K L V L T L C A
H Y V N G S T I I I W I I L
L R U G B Y P T N G N N N L
O W R E S T L E N G R G G G
N K U C G Y M N A S T I C S
```

ANSWERS ON PAGE 101

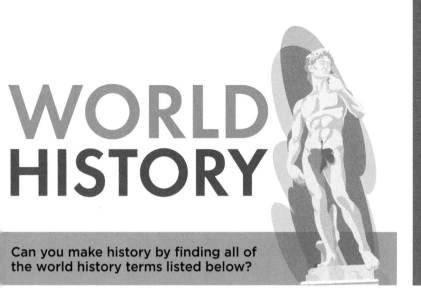

WORLD HISTORY

Can you make history by finding all of the world history terms listed below?

WORD LIST

HISTORY	GEOGRAPHY
TRADE	POLITICS
ALLIANCE	INDEPENDENCE
EMPIRE	CULTURE
CIVILIZATION	INVENTIONS
REVOLUTION	QUEEN
ELECTION	PRESIDENT
DEMOCRACY	

```
F I P L I H C D V J C Q S P
N N R A L L I A N C E U E H
C D Q U E E V S Q H P E L M
U E D F P E I F T Q U E P R
L P O L I T I C S O T N E E
T E T Y N U L Q E T R S L V
U N E L E C T I O R A Y E O
R D E M O C R A C Y D N C L
E E A L P R E S I D E N T U
B N V P R I S I V E N T I T
D C M O P V R C I Y C R O I
R E V O I N V E N T I O N O
B G E O G R A P H Y T V R N
F U C I V I L I Z A T I O N
```

HAIRSTYLES

Don't brush this puzzle off! See if you can find these hair-raising words!

WORD LIST

CREW CUT	FLATTOP
FADE	MULLET
MOHAWK	POMPADOUR
FRENCH BRAID	BEEHIVE
PIGTAILS	AFRO
PONYTAIL	DREADLOCKS
BOB	BALD
BUZZ	

```
P Z M P O M P A D P O N Y A
R O C G I M H V F I B O P L
F D N E O G F B W R B L P D
F R M C D R E A D L O C K S
L E O R H B G L D Q B F M I
A A H E F E U D A K O R O P
T D A W L E C Z F A D E H O
O L W C A H A M Z R M N A M
P U K U T I E C R E W C W P
P E B T T V T O N J L H B A
O K E B O E Y M U L L E T D
E K K U P I G T A I L S E O
W F P Z L T F G G N E J M U
Z H V S G K J D C H T L M R
```

ANSWERS ON PAGE 101

HARRY POTTER

WORD LIST

HOGWARTS	QUIDDITCH
DUMBLEDORE	HAGRID
WIZARD	MALFOY
SLYTHERIN	DURSLEY
HUFFLEPUFF	chocolate FROG
RAVENCLAW	AZKABAN
GRYFFINDOR	VOLDEMORT
WEASLEY	SNAPE

Have some time to spare on Platform 9 ¾?
Here are some words you might think of while you wait.
How many can you find?

```
W X B A Z K A B A N K H S S
P E O G R Y F F I N D O R L
S S A R A V Q N F R O G Q Y
H V N S E Z X U W J N W U T
D U O A L H K R I D L A I H
X U F L P E A A Z D Q R D E
D I M F D E Y G A V U T D R
D U M B L E D O R E I S I I
U J A C L E M U D I D B T N
R I L Z X E P O R L D U C A
S B F Q D Z D U R S I F H Y
L W O Z A R D O F T L N S M
E G Y M A L F O R F C E L P
Y L R F R A V E N C L A W H
```

ANSWERS ON PAGE 101

SCHOOL
TALENT SHOW

School talent shows are pretty awesome experiences—and also a little scary.

See how well you perform when you look for these 15 words in the puzzle below!

WORD LIST

TALENT	SINGING
SPOTLIGHT	DANCE MOVES
REHEARSAL	JUGGLING
DIRECTOR	LIP SYNC
SOLDOUT	IS THIS THING ON?
JITTERS	MIC DROP
AUDIENCE	OVATION
APPLAUSE	

```
W T J V D A N C E M O V E S M
K Z A I U W H S I T T N A U I
P Q D L T S A O S H F Y P J C
O V A T E T X L T U B M P U D
L I P S Y N C D H P I S L G R
S O L D O U T O I B P P A G O
G M R E H E A R S A L O U L J
S I D D F N X Q T U S T S I I
T C I G I V R A H D I L E N T
E D R N E R N R I I N I Z G T
M R E E V F E T N E G G D V E
Q O C C P U P C G N I H N V R
X P T I J V D V O C N T S B S
P B O V A T I O N E G R F J F
M K R N A U D I E M C E T Y W
```

ANSWERS ON PAGE 102

COMIC BOOK HEROES

WORD LIST

SUPERMAN	STORM
SPIDER-MAN	CAPTAIN america
BATWOMAN	
NICK FURY	WONDER WOMAN
FLASH	SCARLET witch
AVENGERS	green LANTERN
JUSTICE LEAGUE	MERA
BLACK WIDOW	the TICK

These superheroes are at the top of their game—
all day, every day.
Is finding them in this puzzle your superpower?

```
J A C Z Q B L A C K W B D O
T U V A O C N S L A R L E V
S I S E P S T O R M S A S M
F C B T N S P I D E R C P F
L A A B I G C J C D J K I L
A P T R A C E A V K A W D A
S T W R L T E R R M S I E S
H A O A P E W L S E A D R C
N I C K F U R O E R W O M A
X N A S U P E R M A N W A R
L A N T E R M P Y A G B N L
W O N D E R W O M A N U U E
N L A N T E R N Z S G I E T
W X N I C K F U R Y Q R Z E
```

HASHTAGS

When you have a message with a specific idea online, a hashtag helps other people find it. Or maybe you just want to make a point, so you say "hashtag" before your thought. Some of the most popular hashtags are listed below. See if you can find them! #challengeyourself

WORD LIST

#TBT
#LOL
#HAPPY
#SUMMER
#WEEKEND
#GOALS
#NOFILTER
#MOOD
#REPOST
#SELFIE
#LOVE
#PHOTOOFTHEDAY
#YOLO
#CATLIFE
#CUTE

S # J K # # V H # C S O # G
E C R R S # # J P E U U W #
L U E U Y C G H Z M S E N
H T F E M O Z # O D M # E O
V B B I M O M C T A E L K F
C U T E # O A O D L O # I
G O Y # R G C T O # # S R L
H A P P Y S A F S M # E T
Z Y W Z P # U I T E # O P E
Y K O # V N M F H L G S O R
D # L O L M E E F I E S D
A E D O O G E # D I A F T J
L T T V B Q R K A E L L E F
W E E K E N D Y S # C R N

ANSWERS ON PAGE 102

TIME WITH FRIENDS

When you're with your friends, you just might...

WORD LIST

1. See a new **MOVIE**
2. **TEXT** other friends
3. Go the **MALL**
4. **STUDY** for a test
5. Go out to **LUNCH**
6. Play **VIDEO GAMES**
7. Play on a **TEAM** together
8. **JOKE AROUND** with each other
9. Go to a **PARK**
10. Have a **CONVERSATION**
11. **LAUGH** a lot
12. Get **DROPPED OFF** by your parents
13. Work on a **PROJECT**
14. Buy a **SNACK**
15. **WALK** to meet another friend

```
M B T J C U W L E O A X E U
L M U M O V E E R S T U D D
G V C K N K J L U N C H W R
X I P O V T E F W A L K A O
S D S K N S N A C K N C L P
Q E M O R V P A R K D W L P
Y O U P S T E X M O V W B E
N G K H A P E R L A U G H D
C A R A T R Y X S S L N S O
D M O V I E S N M A T L D F
N E U T O V T T E X T U H F
V I D E O G A M E S M I D U
E D P R O J E C T E A M O Y
R O I H O I L U N C O P M N
```

AFTER-SCHOOL ACTIVITIES

The bell just rang—school's out for the day! Will you do any of the activities listed below?
Either way, see if you can find all of them!

WORD LIST

HOMEWORK	TAKE A BUS
PRACTICE	WATCH TV
REHEARSAL	PLAY A GAME
SNACKTIME	VOLUNTEER
CLUB	DRAW
STUDY	RIDE BIKE
NAP	FEED PET
WALK HOME	

```
M R V Y H N C R F J L P H S
C O E O X K L E E Y J W D T
L O N H L Y U H E W X A A U
D R A W E U V E D A A T N D
V T P A W A N A P S R C V Y
O R A L D P R R E N J H C B
L I S K A V R S T A K T W H
U D N H E Y X A A C P V L D
N E A O E A A E C K L I P V
T B C M A A B G G T P U E I
E I F E E D P U A I I R B W
E K T M D G R Y S M O C N K
R E H E A R S A L E E D E P
V O L U N H O M E W O R K K
```

ANSWERS ON PAGE 103

COOKING COMPETITION SHOWS

Maybe you're an expert-level chef. Or perhaps you need to figure out the difference between a spatula and a whisk. Either way, see if you can stir up all of the cooking shows listed below!

WORD LIST

TOP CHEF

CHOPPED

NAILED IT

CAKE BOSS

IRON CHEF

the KITCHEN

AMERICA'S test kitchen

CHEF'S TABLE

CUPCAKE WARS

MAN VERSUS FOOD

MASTER chef

kitchen NIGHTMARES

THROWDOWN

SUGAR RUSH

WORST COOKS in america

```
W O R S T C A K E B O S S A
V Z T S U G A R R U S H U M
I R O N C H E F U R I C G E
C U P C A K E W A R S V A R
K K C M T H R O W D O W N I
P A H A A M E R I C A S O C
K N E N M N M S P Q G C S A
I A F V M A S T E R C H E F
T I S S T I P C H O P P E D
C L T F X L T O P C H C F D
H E A O A E I O I L L A P P
A D B O D D X K I T C H E N
N I L D X M A S T E R E T S
M T E E N I G H T M A R E S
```

ARTS AND CRAFTS

From scrapbooking to making a bracelet to creating a latch hook rug, the world of arts and crafts has something for everyone—even a word search!
Get crafty with this list!

WORD LIST

FELT	POM POM
SCRAPBOOKING	FABRIC
STENCILS	PAPER MACHE
PIPE CLEANERS	CLAY
SCISSORS	YARN
STICKERS	JEWELRY
GLITTER	BEADS
HOT GLUE GUN	WATERCOLORS

```
C T M L W W P V G B J V Y E
S V B F A H A T F C E U A I
T T S A T O P T W S W A R W
I W C B E T E B E T E S D M
C C R R R G R E O E L B S S
K L A I C L M A N N R S C E
E A P C O U A D P C Y T I P
F A B R L E C H C I G I S G
F P O P O G H L R L L C S L
E O O O R U E E A S I K O I
L M K M S N A Y G Y T E R T
T P I P E C L E A N E R S T
R O N O S C I S S R R S G E
C A G M A T N R B Z N H W R
```

ANSWERS ON PAGE 103

FAVORITE FOODS

Do you stick to the same few foods no matter what's on the menu? Or are you more of an adventurous eater? Either way, here's a list of fan favorites for you to find!

WORD LIST

PEANUT BUTTER

PIZZA

CHOCOLATE

LASAGNA

STRAWBERRY

chicken NUGGETS

CHEESEBURGER

CEREAL

MACARONI and cheese

PUDDING

WAFFLES

BACON

CUPCAKES

ICE CREAM

POTATO CHIPS

```
U C L E E W J M F J J W O T
T H E A C M A C A R O N I T
Y E K R S H G F U E R E A Y
M E P T E A O J F P H V C N
X S U I F A G C Y L C Y U U
L E D J Z Y L C O A E A P G
A B D V W Z L R A L D S C G
S U I U L B A C O N A R A E
A R N I C E C R E A M T K T
G G S T R A W B E R R I E S
N E P O T A T O C H I P S S
A R Y H P U D D I N G Q M R
K P E A N U T B U T T E R F
P H E U U M A C A R O N E A
```

SUSHI

WORD LIST

WORD LIST

SPICY TUNA	SALMON
CALIFORNIA	YELLOWTAIL
RICE	RED SNAPPER
SEAWEED	SOY SAUCE
CRABSTICK	WASABI
SHRIMP TEMPURA	GINGER
AVOCADO	CUCUMBER
MAKI	

Did somebody say sushi?

Whether or not this fish-meets-rice-meets-seaweed treat is on your list of favorites, see if you can find the sushi-related terms listed below!

```
A W A S A B E C S X M R E J
L V W O D H X S S E S W Y E
V A O Y R E D S N A P P E R
W L C C L T F O R N I L L G
A V O C A D O L C U C U L I
S O Y S A U C E S A L M O N
A A N S P I C Y T U N A W G
B T M C R A B S T I C K T E
I R E C A L I F O R N I A K
Z P R M C U C U M B M R I P
J R X I P T M X R I R P L E
V L C U C U M B E R P C U U
J G I N G E R S E A W E E D
O H B F U C R A B S T I C Q
```

ANSWERS ON PAGE 104

HOUSEHOLD CHORES

Helping out at home can make a big difference to your family—and score you some major points.
See if you can wipe the floor with this word search!

WORD LIST

ALLOWANCE	ORGANIZE
MOP FLOORS	load DISHWASHER
fold LAUNDRY	DRY DISHES
MOW LAWN	WALK THE DOG
MAKE BED	take out GARBAGE
VACUUM	SET TABLE
DUST	MATCH SOCKS
SWEEP	

```
M A T C H S O C K S W E E P
D L M O W L A W C E M G Z G
M L U B R M I Q D T A A W W
M O W L A W N S R T K R E A
G W D I S H W L Y A E B B L
V A C U U M O V D B B A Q K
L N R Z S D H Y I L E G G T
A C K B U T S C S E D L N H
U E V M A D I S H W A S H E
N N S P O G N A E G A Z L D
D M Q W A W E C S N H O U O
R Q M O P F L O O R S Q A G
Y A D I S H W A S H E R A O
O R G A N I Z E W A L K T H
```

THE SCHOOL DAY

When you get to school each day, what do you look forward to? Anything you're not a huge fan of?

See if you can find all of these parts of the school day in the word search.

WORD LIST

RECESS	READING
GYM	LIBRARY
MATH	MEDIA studies
SCIENCE	LUNCHTIME
LANGUAGE arts	HOMEWORK
MUSIC	POP QUIZ
ART PROJECT	TESTS
	REPORT CARD

```
H O M E W O R N R L W B D Z
W P F O R E A D I N G Y E R
M O S I C L U N C H T I M E
E P R E P O R T C A R D A P
H Q M E L A N G U A G E T O
O U U L C S X K Y M G K H R
M I S C I E N C E M S P E T
E Z I P M B S Z L V Y M L C
W S C D A D R S V A D Q I A
O T W R T S M A E M N N B R
R H E M E D I A R O K G R M
K P E S S V M A T Y G X U G
C S A R T P R O J E C T R Y
R E C E M S C E N V F S Y N
```

ANSWERS ON PAGE 104

CAMOUFLAGED CREATURES

WORD LIST

CAMOUFLAGE

PREDATORS

BAT-FACED toad

CHAMELEON

DEAD LEAF

STONEFISH mantis

WOLF SPIDER

GHOST MANTIS

UROPLATUS GECKO

SCREECH-OWL

TOAD

SEAHORSE

CUTTLEFISH

SPHINX moth

KATYDID

Sometimes called cryptic coloration, an animal's ability to camouflage itself can help it hide from predators.
The words listed are camouflaged in this puzzle!

A S P H I N X K W Z M P J U

P R E D A T C S O W I R M R

C B C A M O U F L A G E W O

G U A V L A T A K S W D U P

D H T T H F T H A T O A S L

E C O T F P L O T O L T C A

A Z A S L A E R Y N F O R T

D P D Z T E C S D E S R E U

L L L X Q M F E I F P S E S

E E A D L E A I D I I P C G

A S U G C Y Q N S S D H H E

F A C E D A E F T H E I O C

C H A M E L E O N I R N W K

D N H E S E A H O R S E L O

WAYS TO GIVE BACK

Whether you give back on the regular or are just starting to think about ways to be charitable, the list below includes ideas worth your consideration!

WORD LIST

BACKPACK collection

Leave a KIND NOTE

Start a little free LIBRARY

SEND A CARE PACKAGE

GREETING CARD drive

BEACH cleanup

RECYCLING drive

ANIMAL SHELTER

Donate UNWANTED TOYS

MEAL DELIVERY service

SOUP KITCHEN

birthday FUNDRAISER

PLANT TREES

Donate EXTRA CHANGE

Visit a REST HOME

FOOD DRIVE

```
G B R E C Y C L I N G D R I V E G
N E H C T I K P U O S E E S E D R
G A X Q K K B N P Q S V S W M U E
N R G O K C F W L I U O T E O F E
C K E Q M A O N A K B E A C H O T
K C I E S E O R N J F N U E T O I
A A Y N T K D I T V I N W X S D N
P P E L D N R N T M W I V T E D G
K K N Q U N I R A A I P K R R R C
C C Q F A V O L N T F L R A O I A
A A A B L N S T U O M A D C O V R
B B F P K H E H E H N N J H G E D
H L N I E D S E E R T T N A L P C
Y G K L T O L S V R Z T Y N I X U
M Q T O T I B Y F O Z R Q G V Z Y
U E Y W M E A L D E L I V E R Y Y
R S O U P E G A K C A P E R A C W
```

ANSWERS ON PAGE 105

ORIGAMI

WORD LIST

ORIGAMI	SWAN
CRAFT	BUTTERFLY
TECHNIQUE	DINOSAUR
SKILL	FLOWER
JAPAN	VALLEY FOLD
PAPER	MOUNTAIN FOLD
SHAPES	YOSHIZAWA
CRANE	

ORIGAMI, a Japanese art form that involves folding paper into carefully planned-out designs, has been a pastime for adult and child artists alike for many centuries. In the 20th century, artist Akira Yoshizawa helped popularize the detailed process.

See if you can unfold the secrets to where the words are hidden in this word search.

```
V F Y T B P A P E R J U M J B
S S O E Z Y O S H I Z A W A U
W U S C N C W L M H R U O R T
A R H H D I N O S A U R R K T
N P I N U J A P A N V U I P E
S O Z Q O R I G A B R S G B R
M O U N T A I N F O L D A U F
U F T E C H N I Q U E M M X L
W L J X R O I G V C D W E N Y
F O A Q A M R S V S K I L M X
L W P E N B G I H Y F D C U S
O E A C R A F T G A O P B H K
W R T E C H N A D A P S L H I
E C R A N E Q U E X M E H R L
K V A L L E Y F O L D I S A L
```

RECYCLING

WORD LIST

REDUCE	CARDBOARD
REUSE	ALUMINUM cans
RECYCLE	CONTAINERS
PLASTIC	
GLASS	SORTING
METAL	COMMUNITY
shopping BAGS	COLLECTION day
PAPER	WASTE

When we recycle, we make it possible for an item to be turned into something new and used again. This reduces the amount of waste we create! It also helps keep the air we breathe clean. See if you can find all of the recycling terms!

```
U N T C H F O I N R B C X P
S C Z A L U M I N U M R M W
O C A R D B O A R D M E T R
R O F D E O A M R E D U C E
T L K B D U I G R C W C V C
I L P O P B S I V O A E T Y
N E A A T L O E I M S R B C
G C P R A N A A M M T Z D L
L T E B E S D S E U E W U B
A I R R H F T Z T N B A G S
S O S W C O N T A I N E R S
S N A Z A B R V L T C G V R
R E C Y C L E C U Y H L E R
D H Z H P B Y C G L A S H P
```

THE UNIVERSE

The words listed here help us understand the universe and everything it encompasses.

How many of these totally out-of-this-world words can you find?

WORD LIST

PLANETS	COMET
SOLAR SYSTEM	ASTEROIDS
STARS	UNIVERSE
SUN	NEBULA
BLACK HOLE	LIGHTSPEED
GALAXY	MOONS
MILKY WAY	GRAVITY
CONSTELLATION	EXPLORATION

```
E H L J B L A C K H O L E C
L X M I L K Y W A Y C A X O
I N P O G I U S J B O A P N
G O E L O H F S T A R S L S
H R P B O N T A M B E T O T
T U V L U R N S T A R E R E
S S L I A L A S P S C R A L
P T F K T N A T I E M O T L
E A O C O M E T I S E I I A
E G A L A X Y T U O Y D O T
C O M E M O O N S F N S I I
S O L A R S Y S T E M L U O
T H R R U N I V E R S E M N
P G R A V I T Y F Z G U J P
```

HOBBIES

What's your favorite thing to do in your free time?
Is it something on this list?

WORD LIST

HIKING	WRITING
KAYAKING	BAKING
GROW A GARDEN	BLOGGING
	SKATEBOARDING
PARKOUR	
PHOTOGRAPHY	ROCK COLLECTING
POTTERY	RIDING A BIKE
VIDEO GAMES	MAGIC TRICKS
SCRAPBOOKING	YOGA

```
I D B B P O T T E R G Y B K Z T L
T F S L H E K I B A G N I D I R W
G V M P O T T E R Y H N N I K A B
N S M K T G N I K O O B P A R C S
I E Z A O E G A X R A G G B F N J
T M D R G N I T I R W N X S L M S
C A C R R I P C U U I I R L N S W
E G K W A T C N I D P K O N B K N
L O K R P G V T R H R A C A K C X
L E H F H N A A R E T B R L E I A
O D W I Y C O W O I B I C R O R R
C I V X K B E D O T C K O U O T T
K V T M E I M O O R V K L O F U F
C I I T V X N A H P G T S K H I R
O M A L S U S G F H M Q E R N G S
R K E R E T T O P R U A C A B A T
S Y R O C K A Y A K I N G P Q M Z
```

ANSWERS ON PAGE 106

PREFIXES AND SUFFIXES

Prefixes can be found at the beginning of many words—before the stem, while suffixes are at the ends of many words. Together as a category they're called *affixes*. Each of the words below has a prefix or a suffix. Can you find them all?

WORD LIST

prefixes:

REPLAY
UNREAL
FORECAST
SUBTRACT
OVERSLEEP
COEXIST
EXPEL
MISPRINT

suffixes:

AQUARIUM
MOLECULE
BOREDOM
FASTEN
BIGGER
ACTRESS
HELPFUL
DANCING

```
B O R E D O D R E P L E Y D A
L Y T J X X A P C O E X I S T
O R B T D Q N X E G K P C Q D
S V M O L E C U L E O E C K A
T W E M R L U N R E A L S Q N
M F N R M E X H E L P F U L C
A A A K S L D F D S E K B O I
U Q C S Y L Q O A U U B T V N
D U U T T M E R M B K I R E G
W A U A R E A E I T Y G A R J
W R N Z R E N C S R L G C S E
W I R C N I S A P A T E T L X
K U E H I M U S U B T R A E T
V M O L E N W T I T Z G B E E
Y N L M I S P R I N T X L P L
```

SYNONYMS

WORD LIST

SMART ←——————→ TINY
QUIET ←——————→ AUTHOR
WRITER ←——————→ BRAVERY
WRONG ←——————→ REGULAR
SHORTEN ←——————→ CLEVER
SMALL ←——————→ INCORRECT
ORDINARY ←——————→ ABBREVIATE
COURAGE ←——————→ SILENT

Synonyms have the same—or very similar—definitions. (See what we did there?) Draw a line matching the synonyms in column 1 to column 2 and then and then find them in the word search.

```
T B J O V B G P Q Y A A Q G X
L A D I R H N F C B U R J W W
S H U X J D S H O R T E N G R
X B G T S O I J U A H G H S O
P B C A H U F N R V O I O V N
N Q S S B O L H A E R L R B G
S U M I M B C P G R C A T A A
R I A U L A R L E Y Y R E O E
K E R H Q E L E E A K E N R E
V T G W R O N L V V Z C K D V
I I V U M N Q T U I E T Y I W
Q N D X L T U V L H A R W N E
B N R E G A L A R B X T X E T
B Y W Q S O E Z W R I T E R F
W D P R M S S M A R T I N Y R
```

ANSWERS ON PAGE 106

ANTONYMS

Antonyms are words with opposite meanings.
Can you figure out the antonyms in Column 2?
Once you fill them in, find them in the word search!

WORD LIST

QUESTION	←→	A__S__ER
LATE	←→	E__RL__
EMPTY	←→	F__L__
FORGET	←→	R__ME__BE__
MINIMUM	←→	MA__I__U__
WEAK	←→	STR__ __ G
RIGHT	←→	__R__NG
LIE	←→	T__U__H

```
F M O D H D Q J L L C W G W L
Z J X E C C P T I J P R P O B
Q M R R F U L L A M F O H M T
T I E Z N W E A K M O N R M A
R N M A T E M P T Y R G I A N
U I E N R S U E J E G Z G X S
T M M S R L T E M E E R H I W
H U Q W E R Y R K P T I E M R
M M Q U M U M W O A T G R U R
S P U R E S B O F N E H U M T
G C H H M S M H C S G T N F C
J S B R B G T L O W M I P X B
Z O U N E C E I M E H W K O S
B O S N R D G E O R W E M H Z
G L E N U Y G K N N U B B P Y
```

LEGO MOVIES

See if you can find all of the Lego® Movie terms below, and always beware the Kragle!

WORD LIST

THE LEGO MOVIE	UNIKITTY
BATMAN	METALBEARD
TACO tuesday	master BUILDERS
AWESOME	LORD BUSINESS
EMMET	BENNY
WYLDSTYLE	VITRUVIUS
KRAGLE	CARDIO CARRIE
LUCY	

```
P E H Q M R V I T R U V I U S
B U M Q T M E T A L B E A N D
E N B M I F T I A Z T A C I B
N I V E E L U C Y G A Q X K U
N K Q T A T E M M E R R O I I
Y I Q A K R A G L E S A C T L
E T K L W M E T A L B E A R D
W T W B D E B A T M A N R H E
Y Y J E F M S C J G T C R W R
L Q C A R D I O C A R R I E S
D T H E L E G O M O V I E Z P
S O T D V I J J C E H R H G P
T O O L O R D B U S I N E S S
W Y L D S T Y L E T Y A F Y B
S Y B C J B U I L D E P S E L
```

SLIME

Whether you've made slime with every color in the rainbow or you've never touched the stuff, you probably know that slime is a fun part of a lot of kids' lives!

Can you find these slima-licious words?

WORD LIST

SLIME
SHINY
STICKY
GLUE
BRIGHT colors
GLITTER
SMELLY
PRANKS

GLOW IN THE DARK
COLORFUL
DO IT YOURSELF
RECIPE
PARTY
SQUEEZE
SQUISH

```
B S Z F R E S K Q A G Z Z F F
T C L L G A G L O W L W M P L
H O D I S Q U I S H O C W A S
U L O M M L V T G H W C P R T
F O I M E N I A B R I G H T I
M R T E L S R M N A N N F Y C
A C Y G L I T T E R T C Y T K
C U O J Y S M F L B H R E Y Y
I L U L S S R S B H E S T B I
Z O R Y O M Q V W M D Q W P Z
I K S V Y R E U F N A U E R M
R L E Q F H F L I L R E V A A
B E L P U G L U E S K E U N H
Z V F O S S H I L Y T Z K K G
G L I T T R R E C I P E G S Z
```

FAMOUS LANDMARKS

WORD LIST

EIFFEL tower
statue of LIBERTY
GOLDEN GATE bridge
mount RUSHMORE
TAJ MAHAL
GREAT WALL of china
STONEHENGE

BIG BEN
HOLLYWOOD sign
TREVI fountain
MACHU PICHU
pyramids at GIZA
the ACROPOLIS
EASTER island
leaning TOWER OF PISA

More than stops along the way on a vacation, the places listed here are true landmarks—locations with deep history, which visitors remember forever.

Have you been to any of them?

```
Y Q W B I G B E E N T Z S G J
G T F H O L L Y W O O D T R J
H E A Y S K N S E A W L O E M
O T A J M A H A L C E G W A A
L R S S M C V U Q R R O E T C
L B M T T I G P O O L R W H
Y I F A O E R I I P F D O H U
W G B K C N R E N O P E F I P
O B R E E H E A V L I N P Y I
T E J N R I V H Y I S G I Z A
R N O S V T F P E S X A S P H
E V P E B Q Y F I N L T A E U
V R U S H M O R E C G E M O B
A G R E A T W A L L H E T X B
H K B I V P C J E Y O U L K Z
```

ANSWERS ON PAGE 107

THINGS TO DO
WITH A
SIBLING

Siblings—they're kind of like at-home BFFs!

How many of these things have you done with a sibling—or a best friend?

WORD LIST

LAUGH	HIDE-AND-SEEK
DEBATE	HOMEWORK
TELL on each other	watch a MOVIE
BUG another friend	PRANK THEM
JIGSAW PUZZLE	make a FUNNY VIDEO
BOARD GAME	argue over THE REMOTE
PESTER	
DISAGREE	PILLOW FIGHT
make DINNER	

```
M U J P A H J K B D C W C A U Q N
W E U Q E J I F O K R O W E M O H
Y W H M Z S Z D Z P E S T E D T S
L D Y T N I T S E B F A H I I R R
H D S R K M Q P X A B O I I S J X
I I N D I N N E R E N B D P A I O
D S Y B Z G A C D J L D E T G V M
E A O E G R I R X C N A S H R X L
A G J I G S A W P U Z Z L E E C A
N R O V M R E B U X A N I R E A U
D Y M O Q F U N N Y V I D E O K G
S Z X M F C Z L Y W R M W M I U H
E L T H E R E M O W K I N O F N Q
K G T P I L L O W F I G H T E L L
L L H A Y H C N H V B N B E P T A
X S K D R C P E S T E R C D Q R E
A G U B B O A R D G A M E P V A P
```

FAVORITE BOOKS

These classic books have kept readers entertained for generations.
Count how many you've read and find them all!

WORD LIST

CHARLOTTE'S WEB

HOLES

JUMANJI

RAMONA the pest

RUMPLESTILTSKIN

a WRINKLE in time

SUPERFUDGE

CORALINE

BUD, not buddy

WONDER

the GIVING TREE

LITTLE WOMEN

BLACK BEAUTY

the HOBBIT

the RESCUERS

the wind in the WILLOWS

```
N B M F J L F S A S J L S I V E M
J I L S W O N D E R S H O L E B B
U U K A R I U S S W R I N K L E
B R M S C B L A C K B E A U T Y W
E I K A T K Y L C G M G Y I B R S
R I A X N L B T O B B O H B A Z E
F K L Y L J I C N W Z T H M W D T
U X S A E P I T O A S M O T U V T
D C J S R Z R Q S R P N L K Z L O
G I V I N G T R E E A R E B W I L
E Z U E K W R I N K L L S Q O T R
C G Q S Q K D I A B M P I H N H A
E E R C G N I V I G T L M N D O H
E G D U F R E P U S U G U U E B C
O T L E A N W O L L I W Y C R B E
P Q Q R H M N E M O W E L T T I L
R N M S R E S C U E R S C C Y T P
```

ANSWERS ON PAGE 108

TV CHARACTERS

From animation to live action—and with a few from days gone by—the TV characters we love stick with us for years. How many of these popular characters can you find in the puzzle?

WORD LIST

CAT NOIR

henry DANGER

TWILIGHT sparkle

MABEL PINES

ASH KETCHUM

ELMO

GRACE russell

SHE-RA

BAUDELAIRES

EZRA bridger

POWER RANGERS

carmen SANDIEGO

princess AJA

PATRICK STAR

TIMMY turner

STAR BUTTERFLY

```
J M U H C T E K H S A S B E R W Z
R O A S K E U L B B G R A C E T S
D N F B O N I E B I T E U J A L I
P R L N E W I Y Y A W G D Z L Q D
V T Y W H L D R F S N N E N E M M
E I P L S W A Y W H X A L S D L A
O M E Z F I N O Z K J R A U U A B
K M G R T R G D Y E O R I L A R E
C Y N I W E E M J T W E R M B R L
X J A A I N R T M C O W E L M O P
G D D D L V Z K T H A O S Y I C I
K Z N B I C Z Q D U R P T N U A N
Q A L S G H A F Y Z B O B X J T E
S V R H H M N R S D W R P A J N S
P J M E Z R A P G K V L A Y W O S
O K K R M F T W I L I G H T R I I
W K D A X A B Z P V K P H M S R R
```

ALL THINGS
ROALD DAHL

There's more to find in this puzzle than just the golden ticket—although that's in there, too!

```
V  J  W  F  G  I  A  N  T  P  E  A  C  H  R  A  O
E  W  G  W  G  O  L  D  E  N  T  E  H  M  V  R  O
R  K  O  C  X  K  F  X  L  Q  L  E  A  W  G  W  Z
U  T  N  N  S  G  J  B  Z  I  H  T  R  O  G  I  J
C  C  Z  O  K  T  J  A  D  C  T  X  L  O  L  T  W
A  T  H  F  W  A  F  O  M  J  J  A  I  O  O  C  H
S  E  W  A  M  L  C  S  Q  E  A  Z  M  M  O  H  G
A  K  I  F  R  O  G  R  A  S  S  H  O  P  P  E  R
L  C  T  O  R  L  R  X  I  B  W  X  S  A  T  S  A
T  I  C  C  E  O  I  Z  G  O  L  T  L  L  Z  C  N
J  T  H  A  O  L  F  E  R  R  M  K  A  O  I  T  D
V  N  X  A  Z  K  F  M  B  D  P  S  S  O  U  I  H
W  E  P  B  O  J  W  P  H  U  A  T  U  M  Q  W  I
J  D  V  C  R  O  C  O  D  I  C  C  K  A  H  O  G
V  L  O  B  O  W  Z  O  U  M  F  K  L  C  E  B  H
P  O  F  D  T  D  F  R  D  H  L  W  E  Z  F  T  D
S  G  O  O  M  P  A  L  O  O  M  P  A  T  S  S  H
```

ANSWERS ON PAGE 108

PUBLIC SPEAKING

You have to give a book report, and you're worried about presenting to your class? No problem!
Here are a few tricks we know of to make it a little easier!

```
N X D R M R E Y E C O N T A C T L
O E G H B E G I N N I N G O X C P
E B U T C Y N I D N E C O F Z U P
E G X A D E X K U Q O C Y R B E T
P P R E S E N T A T I O N L R W Z
B R R R O M U H Q V G E I S G E O
R E S B D M U V K F O C O N L C K
E P N P R A C T E C S N O C O A C
S A O E D Y V C Z P A I G M S T I
X R I E G V I H E L T I L R S N T
O E S D Y T K A I N J G O O O O C
I P S K C A K T E Z D R S Y P C A
X E E A H U Y T D V R I S E H E R
R R R J N K T P B I C R N C O Y P
S P P G R A L Q M W T A P G B E F
F P X G N A A E W Y J C H N I M B
O Z E M I D D L E L M U O T A J L
```

DIARY OF A WIMPY KID

Do you keep a diary or journal? Greg Heffley sure does! See how many Diary of a Wimpy Kid terms you can find in the puzzle.

WORD LIST

JOURNAL	WESTMORE
DIARY	DETENTION
CHEESE	MELTDOWN
SCHOOL	the LAST STRAW
GREG HEFFLEY	AWESOME friendly kid
RODRICK rules	
DOG DAYS	CABIN FEVER
THE LONG HAUL	OLD SCHOOL
	WIMPY

```
T H E L O N G H A U L A N R U O J
A N D U W I Q V H A W E S O M L A
T A E R I H S Y S Y A D G O D D R
T E T D M E L T D O W N O G B S T
Q L E Z P I S O C T R F G D O C S
S Q N P I T G A K B E O I L C H T
O U T V R K B Y Y R O A D A A O S
S K I A I I D L O P R S I R B O A
D P W I M P Y M E K C O E O I C L
W C O F E C T P P H S M Z D N C I
D C E I A S I H O M B X R R F G K
Q D C H E E S O M L V D N I E C A
E I G W H F L M Q Q O O P C V H V
V A X J R A K A W E S O M E E E D
G R E G H E F F L E Y O H F R E G
A Y C N D E T E N T I O N C U S P
V L Q B N W S G R R N P E P S E T
```

ANSWERS ON PAGE 109

POP MUSIC

Whether you're humming their tunes at every turn or listening on repeat to learn each word, these pop artists might just be on your playlist. And even if they're not, they're on our list below! Can you find them?

WORD LIST

ARIANA GRANDE	LADY GAGA
PINK	TAYLOR SWIFT
BEYONCE	DEMI LOVATO
RIHANNA	KHALID
ED SHEERAN	POST MALONE
SHAWN MENDES	KESHA
DRAKE	TWENTY ONE PILOTS
HALSEY	JUSTIN TIMBERLAKE

```
K J C Z E X D A G A G Y D A L A L
B H P Z Z D E M I L O V A T O R A
S A A O K W S H K C N K H A L I D
M L N L S U H H I M H Q G P I N Y
Z S N K I T A Y L O R S W I F T G
D E K A L R E B M I T N I T S U J
S Y S T O L I P E N O Y T N E W T
U B D E J H B T J D R P H L X H H
O R L E D N A R G A N A I R A G L
D Q S R M N N L X G O E C N O Y A
K N A L V B E Y O N C E M D K R I
G K O Y L K L M C B E X R W I H I
E D S H E E R A N S F X X H Q S A
K A P Z X S I I V W A S A D R A N
S J J E B H X X P A A N Y I W R A
P O S T M A L O N E N H X T I O G
E A V A E N L F N A V H S Q U Q R
```

ACRONYMS

Find the acronyms below and then check out the list to find out what they each stand for!

WORD LIST

RADAR: Radio Detection and Ranging
SCUBA: Self Contained Underwater Breathing Apparatus
ASAP: As Soon as Possible
YOLO: You Only Live Once
FOMO: Fear of Missing Out
AWOL: Absent Without Leave
POTUS: President of the United States
NASA: National Aeronautics and Space Administration
SCOTUS: Supreme Court of the United States
GIF: Graphic Interchange Format
STEM: Science, Technology, Engineering, and Math
LASER: Light Amplification by Stimulated Emission of Radiation.
ZIP (as in ZIP code): Zone Improvement Plan
BAE: Before Anyone Else
NERF: Non-Expandable Recreational Foam
FBI: Federal Bureau of Investigation

```
U F O B L S D M F B M R Y B L B F
B P K X M Q P I E A S Y X U H A Z
G Z Z T R L P O M U S N D X B A M
S P T W D E Q S Q K A A H C E U I
B C I U F G C J H O X X N J T P T
C D O I Z U Z R Z F G G S P S M B
T F V T D W D N R E Z P C U L O E
R H I G U F K F X R Z U T C E V U
E E L B J S O L O Y I O O W S A W
Q F S X D C L A S A P S F K T W W
R A D A R U F O T Z Y N Z Q S F L
K A W O L B Y N E K V Q L T X C G
Q Q G W M A G E M K L T R D O J T
X X K C K O I R A F N B Y W C T T
N L Q I I B F F R B J M I O S I G
O V R S W N W C S M Z S J X U V F
D W N Z R Q N F E F J Q C O H R F
```

BLOCKBUSTER MOVIES

These movies made a huge splash when they came out in the theatres! How many have you seen?

WORD LIST

HARRY POTTER (all of them!)

STAR WARS

TITANIC

AVATAR

THE LION KING

FROZEN

lord of the RINGS

SHREK

TOY STORY

KING KONG

JURASSIC park

BLACK PANTHER

back to the FUTURE

the PRINCESS BRIDE

THE SOUND OF MUSIC

THE GOONIES

```
G H A T K I N G K O N G Y K H R E
N A V Y R F W H S A O K F F E K Q
I R A P B J R C Y O O G R H T K D
K R T D S X B O N T U O T L J S B
N Y A W S J T I Z E N E O U S D
O P L Q E H E M X E A K D R R R L
I O O C C S R B N P D Y I D A A W
L T T S N A S E K T O J R O S W K
E T O W I F A C K N J C B F S R Z
H E Y J R U A V A T A R S T I A X
D R S S P L N Q T N S G S H C T K
L H T Q B O K K Q K W G E E C S Q
R O O S Y O T H O Z G K C R D N Q
I Y R O T S Y O T I T A N I C K Q
R E E G T H E L I O N K I N G W O
S O U N D O F M U S I C R G V X Z
B G E R U T U F O N H U P S Y C I
```

GAME
SHOWS

Whether singing and dancing are your thing, or trivia questions make you feel smarter than a fifth grader, see if you can find these words!

WORD LIST

WHEEL OF FORTUNE

JEOPARDY

are you smarter than a FIFTH GRADER

DOUBLE DARE

CASH CAB

american NINJA WARRIOR

the MASKED SINGER

americas GOT TALENT

the VOICE

american IDOL

WORLD OF DANCE

who wants to be a MILLIONAIRE

SURVIVOR

the AMAZING RACE

the WEAKEST LINK

KEEP IT SPOTLESS

```
D O U B L E D A R E Y J G H S K Y
A B S U R V I V E R W C R G K N T
Q M Y V V F E E I O B L O D I R
K V A V B Y H U N A R G A T B L A
E A Y Z O M A A U N L R M T S T P
E R J A I I J S T O D E A A U S O
P P E I U N C E R I O D Z L R E E
I B O G I A G E O L F A I E V K J
T C P N N F H R F L D R N N I A M
S N A Q F I I L F I A G G T V E A
P G R H P Y S R O M N H R V O W Z
O X D L F S Y D L E C T A X R O I
T R Y R A K Y N E Z E F C M Q Q N
L B R Q Y T P L E K F I E U F G G
E R M Z I Y T F H G S F K O F M R
S L R F E R N O W D P A Q T K L A
S C A S H C A B G V L T M V D Y C
```

ANSWERS ON PAGE 110

MOVIE STARS

WORD LIST

DWAYNE johnson

SCARLETT johansson

LUPITA NYONG'O

gal GADOT

ZOE saldana

KEVIN HART

CHADWICK boseman

BRADLEY cooper

DAISY RIDLEY

ZENDAYA

anna KENDRICK

jason MAMOA

PAUL RUDD

CHRIS PRATT

AWKWAFINA

DIEGO LUNA

Roll out the red carpet for this blockbuster, star-studded puzzle!

```
S A N N A K E N D R I C K P G N I
I C F S G O I M B C F B T A R L S
D W A Y N X M B A H E I D U J C P
A D W R F F Y A B A J O I L O H R
U D K K L Y Y J M D T Z E R Y R A
L A W E J E O I Q W L L G U D I T
R I A D N N T L X I D U O D O S T
Y S F N H Y R T N C A P L D R P R
B Y I E V Y A L F K I I U O X R D
R R N K N N V W O S S T P C F A O
A I A A P Z E N D A Y A E H B T C
D D F N T F E K E V I N H A R T Y
L L A N U L O G E I D Y U M A O O
E E P A C Q X C Q R A O E V D P V
Y Y S Z Z A K U N E B N J I L E C
X L U P I T A Y O N G G W N E F Y
J K J J D R X Z C S Y O J Z E V Q
```

ANSWERS ON PAGE 110

FAMILY GAMES

You may have spent quality time playing some of these games with your family. Now spend some quality time finding them all here!

WORD LIST

TRIVIAL PURSUIT	YAHTZEE
MONOPOLY	EXPLODING kittens
BATTLESHIP	CHECKERS
SORRY!	OPERATION
SETTLERS OF CATAN	CLUE
UNO	CANDY LAND
JENGA	SCRABBLE
CONNECT FOUR	TWISTER

```
T  J  E  N  G  A  R  G  P  G  S  G  Q  E  Y  U  L
S  W  U  Y  Z  B  A  T  T  L  U  S  H  Y  P  G  Z
E  Y  I  T  P  S  O  R  R  Y  Q  N  M  P  K  U  D
T  W  V  S  R  L  C  B  L  Y  A  O  O  L  C  Y  B
T  U  X  X  T  I  O  R  N  L  N  P  J  O  A  L  H
L  W  J  D  W  E  V  D  A  O  E  Z  Y  H  N  O  P
E  Q  A  C  I  V  R  I  P  R  R  Z  T  V  D  P  B
R  X  P  G  S  R  E  O  A  J  L  Z  A  S  Y  O  I
S  D  O  P  T  S  E  T  T  L  E  R  S  R  L  N  V
O  Q  V  D  E  V  I  H  S  E  P  C  K  F  A  O  Z
F  G  N  I  D  O  L  P  X  E  V  U  T  J  E  M  D
C  T  C  O  N  N  E  C  T  F  O  U  R  B  M  P  I
A  T  W  C  F  Z  S  B  A  T  T  L  E  S  H  I  P
T  Q  A  I  A  F  E  L  B  B  A  R  C  S  U  B  T
A  C  H  J  S  C  H  E  C  K  E  R  S  U  L  I  N
N  E  C  K  E  T  S  H  Z  W  O  K  A  M  I  W  T
C  M  U  C  J  D  N  A  L  Y  D  N  A  C  L  U  E
```

ANSWERS ON PAGE 110

UNUSUAL
COLORS

Try looking up any of the colors you don't recognize.
You may be surprised!

WORD LIST

SARCOLINE	THISTLE
COQUELICOT	CHARTREUSE
MALACHITE	SMARAGDINE
AUSTRALIEN	MIKADO
GINGERLINE	LAPIS
LABRADOR	GLAUCOUS
SINOPER	VIRIDIAN
AMARANTH	PERRYWINKLE

```
N R T I E O H O J F E O P T N A R
E U S L H T N A R A M A E I A M I
I B L T A V I C H A R T R E U S E
L R V H D S V H F Q P L R T S C A
A F I I B S M Z C E P Y Y K T O Y
R W R S W G A A R A L H W W R Q J
T B I T I O I R R M L F T X A U C
S B D L K N Y N C A I A N A L E V
U Q I E E W O L G O G K M J I L L
A S A T I S Q P R E L D A R A I E
S D N N S U U T E I R I I D M C T
J O K I P Y Z W V R Y L N N O O S
F L P U X Z D J J V E E I E E T I
E A G L A U C O U S I P Z N P U H
L L F H P C L A B R A D O R E W T
B G V L B M Q W Q I X D N N L B D
J Z Y G L Q I P B M Q Z G V I F K
```

FAST FOOD

How many of these fast food menu items can you find? (And is this list making you hungry?)

WORD LIST

FRENCH FRIES	CHALUPA
WHOPPER	DONUTS
BIG MAC	BACONATOR
POPCORN chicken	BREAD STICKS
ONION RINGS	COMBO MEAL
COCA-COLA	SUPERSIZE
BLIZZARD	DRIVE THROUGH
TACOS	MCFLURRY

```
P L J P F F R E N C H F R I E S C
C O C A C O L D P O P C O R N S H
H G U O R H T E V I R D U C S I A
R S U P E R S I Z E Z T F O K F L
E W F O G N A K Z W K P L C C E O
W H O P P E R J G I K P O A I E O
E O J C H D Z Y K C W M M C T S P
K P B O R A Z Z I G B C R O S T A
K P B I P N K B L O F V N L D U B
R E F N G N G U M L V I Y A A N L
B B E G F M U E U W O A G T E O I
W K A Y K M A R H N P N H I R D Z
O V M C Z L R C R U E I F Z B Q Z
E B Y Y O Y R I L D Z I G Z E O A
F K Q C R N N A B A C O N A T O R
T D O N U G H H P F B K Y R P N D
T A C O S C D M B O C F O S B M E
```

ANSWERS ON PAGE 111

AROUND THE HOUSE

Which of these items or rooms have you used today?
What's your favorite place in your house to hang out?
Can you find them all in the puzzle?

WORD LIST

BEDROOM
YOUR BED
YOUR DESK
LIVING ROOM
COUCH
KITCHEN
TOASTER
FINISHED BASEMENT
COMPUTER
PANTRY
BACKYARD
WASHING MACHINE
BOOKSHELVES
JUNK DRAWER
DRIVEWAY
BATHROOM

```
Y U G X A M O O R H T A B L Y W U
Y N G Y Y V L E B A T H R O O N A
O T Z Q G I T J U N K D R A W E R
U W H K M U F Y E N J F R M M Z K
R O C K P Y W A S H I N G P A N H
B L U M J G L F U D T O A S T E R
E G O H Y K I T C K E N A Y E H F
D C C M B G C L S Y T Q O N A C I
F I N I S H E D B A S E M E N T S
P Z D B F W Y M O O R G N I V I L
Z A W R K C E D R U O Y A F V K K
L D N B I B E D R O O M S V N J Q
V Z P T K V S E V L E H S K O O B
M E C G R X E K N U G M Q T Z R V
W B U B V Y C W G D R A Y K C A B
W A S H I N G M A C H I N E T X M
V H K C U O C H W Y O U R D E S K
```

GEOLOGY

ANSWERS ON PAGE 111

WORD LIST

GEOLOGY	METAMORPHIC
EARTH SCIENCE	MINERALS
FOSSILS	LAVA
GEMSTONES	LIMESTONES
METALS	QUARTZ
METEORITES	GRANITE
SEDIMENTARY	DIAMOND
IGNEOUS	CRYSTALS

From caves to diamonds, and everything in between, geologists are always seeking new information about the earth. How many of these words can you dig up?

```
U E O A S I S P B W N R O S X S P
P C B U M I N E R A L S X P Q C F
G E M S T O N E S A R T H U L I E
W P E E S E N O V S M E A D I E Y
M L A M T U I A J Y H R M T M N H
C P R Y R A T N E M I D E S E C B
D I T P G Z L P F O S S I L S E M
I W H W Q O L S E T I R O E T E M
A V S P R V L S E D I M E N O A R
M H C L R S U O E N G I B A N Q C
O T I I A O G G E P I I L V U T R
N Q E J Q C M Y R G W S A A B W Y
D V N J B B B A E A E E R M V T S
I S C H G F I E T P N T E P O U T
K U E D Q D Q Q L E Z I V L Z N A
L I M E S T O N E S M J T H Y H L
X H E A R T H S C I E N S E F L S
```

IT'S SCIENCE!

Enter the word search lab and see how many of these scientific terms you can find!

WORD LIST

EXPERIMENT	FLASK
LABORATORY	PERIODIC TABLE
BIOLOGY	ELEMENTS
CHEMISTRY	MOLECULE
TEST TUBES	ATOM
TEMPERATURE	MATTER
MEASUREMENT	MAGNETIC FIELD
HYPOTHESIS	CLASSIFICATION

```
L A B O R A T O R Y Y V E O X J B
L E L B A T C I D O I R E P W I N
M M U M F L A S K M O J Z T O G O
Y J V A A R T I M X W M H L B T I
S L A G T G N S D O Y G O Z A G T
X T G N H O E E H G I G P E H E A
O W K E S F M H F S Y J S X M H C
A K C T C M E T D T I E G P T A I
A X J I H H R O M R T Y E E E H F
N H T C E I U P E E D R H R S P I
Z P W F M K S Y Y T A I A I T F S
U J Y I I J A H P T T Y J M T F S
J L V E S Z E T U A V E N E U X A
C M K L T I M R U M N J Y N B W L
B Z X D R T E N O J M H O T E Z C
D G O D Y V T E L E M E N T S R M
L E M E N T S R R E L U C E L O M
```

AROUND TOWN

WORD LIST

BUS STOP	GIFT SHOPS
BARBER SHOP	GROCERY STORE
RESTAURANT	CAFE
POST OFFICE	PARK
TRAIN STATION	PLAYGROUND
MAIN STREET	CITY HALL
LIBRARY	FIREHOUSE
APARTMENTS	POLICE DEPARTMENT

All of the items below are in the puzzle, but which ones can also be found in your hometown?

```
R V P O S T O F F I C Y Z P D K B
M M R L Y U D V Z T M R N J J K A
M L Z I A G J T G I F T S H O P S
A E I C F Y P O H S R E B R A B D
I R H B I T G O D H R U Q R U B V
N O S W R T Q R S Y S G T N W I G
S T T X E A Y L O T K M U E X N Z
T S L G H X R H O U E R E L Q R R
R Y I K O L M P A N N T A H H E N
E R B D U W A C T L F D S P S S O
E E R B S A O S D G L G F Z L T W
T C A F E T E L A H Y T I C H A T
B O R T R A I N S T A T I O N U K
F R Y E C I F F O T S O P N R R S
E G Y T N E M T R A P E D E C A L
C H O V B U S S T O R E U J E N X
P O L I C E D E P A R T M E N T U
```

ANSWERS ON PAGE 112

UNDER THE SEA

The oceans make up almost three-quarters of the earth, and there's a whole lot going on in those waters!
Dive in and see how many of these marine terms you can find.

WORD LIST

ARTHROPOD	KELP FOREST
MOLLUSK	MANGROVE forest
CRUSTACEAN	MARINE OTTER
SHARKS	sea ANEMONE
BELUGA WHALE	BLUE MARLIN
CUTTLEFISH	SEATURTLE
VAMPIRE SQUID	HAMMERHEAD shark
MICROORGANISMS	
HORSESHOE CRAB	

```
Z G V X E L A H W A G U L E B M P
F B L U E M A R L I N L E B S A B
S H A R K S E V O R G N A M S R W
K H R R R Z Z T D V B I S I H I E
A S T J C A X Z N P Z I V V A N T
C Y H U D E H C V I N U O W R E S
R E R C I W O V U A Z T C F K O E
U D O R U E E H G T M S D T D T R
S A P U Q B L R S G T P K O R T O
T E O S S V O T J E M L I V V E F
A H D T E O R D R N S O E R P R P
C R V A R R Y W Q U C R L F E T L
I E C C I G B T B T T C O L I S E
A M I E P N E L K Q K A I H U S K
N M H A M A P V N R E I E N W S H
A A A N A M K D I Q J W T S B L K
G H R C V J D Y A N E M O N E M A
```

SEVEN WONDERS OF THE WORLD

The Seven Wonders of the Ancient World are remembered as amazing works of architecture that were ahead of their time. The only one that still stands is the Great Pyramid at Giza, in Egypt.

WORD LIST

GREAT PYRAMID of GIZA

COLOSSUS of RHODES

HANGING GARDENS of BABYLON

LIGHTHOUSE of ALEXANDRIA

MAUSOLEUM at Halicarnassus

statue of ZEUS AT OLYMPIA

TEMPLE of ARTEMIS

GREECE   EGYPT

IRAQ   TURKEY

```
T U R K E N D F C C O L O S S U C
R Q W K A B A B Y L O N C M T E O
R A I R D N A X E L A S T O I L L
H G H T H O U S E H M A U S O L O
O D A H A N G I N G G A R D E N S
D F I O I R A Q U I J Y F C U N S
E F P M T C T W E C E E R G N N U
S G M K A H D E K C J K T C P G S
D O Y U K R R A M A X R R P Y O L
E K L P L Y Y M I I W U M P R N B
S B O K T E M P L E S T T H C S X
P Y T V L I G H T H O U S E F V O
U W A Q Q X I C H A Q B A D E E D
L K S Q M A U S O L E U M Z Q L D
T L U S B T Z K Z G G R V Y I F Z
J T E S T E M P L Y K P G E I G I
V D Z C S N Z M A I R D N A X E L
```

ANSWERS ON PAGE 112

COLLEGE MAJORS

Can you find all of these college majors in the puzzle?

WORD LIST

BIOLOGY	EDUCATION
JOURNALISM	ART HISTORY
NURSING	MUSIC
PSYCHOLOGY	ACCOUNTING
ECONOMICS	CREATIVE writing
FINANCE	BROADCASTING
MARKETING	SOCIAL work

COMPUTER SCIENCE

COMMUNICATIONS

```
H J W M T B J A R T H I S T O R Y
I G N I T N U O C C A M J Y J G B
I W S S Y E V N J C S K H F O F R
O E C O N O M I U I I K O L U B O
X I L R M O R R L R P S O P R E A
H R T C W L I A S R S H U D N O D
Z O Y N M M N T N M C I C M A S C
E S T B O R A R A Y U Y N J L Z A
V L S I U I L O S C E O K G I Y S
I D Z O B X T P V O I C S U S L T
T I J L C B K A F J C N N O T R I
A I F O A I H E C V F I U A C E N
E H Q G Z H A W Z U C L A M N I G
R C K Y W K P W I B D C M L M I A
C O M P U T E R S C I E N C E O F
H M A R K E T I N G G M I K L O C
Y A L E S J S C I M O N O C E L W
```

FUN FLAVORS!

Find all of these amazing flavors!
Which one is your favorite?

WORD LIST

CHOCOLATE	SRIRACHA
VANILLA	BUBBLEGUM
SALTED CARAMEL	PEPPERMINT
HAZELNUT	LIME
COOKIE DOUGH	GREEN TEA
LEMON	RANCH
COCONUT	JALAPEÑO
PEANUT BUTTER	CINNAMON

```
D U X P P Z R B A H C A R I R S H
C W W T P E A N U T B U T T E R A
K D W V B W P V W G S A O Z M S Z
L P I B Q P A P C H O C O L A T E
G C O C O N U T E L L Q H L B H L
M S U Z I L C D L R T T T A U J N
R I N L I L I M E H M E U S B H U
L R L M O O N W M H D I N A B G T
J A L A P E N O A A C R N L L U E
V C A R S Z A B R E A N L T E O Y
G H Z I F V M E A T R I A E G D S
K A H S A H O S C N A Y J R U E O
I I K N V Q N D D E M W X C M I H
I N I H H O H Z E E E R M A E K X
N L U O M J O V T R L E M O N O O
L W B X I C M X L G L U W H D O O
Q M L E M A R A C D E T L A S C B
```

INTRODUCTION TO CODING

Every video game, website, and app is built through coding. If you've ever tried coding, you may have run into some of these terms!

WORD LIST

JAVASCRIPT

PYTHON

SEQUENCING

PATTERNS

ROBOTICS

WEB DESIGN

MODDING

LUA

SCRATCH

LANGUAGE

PROGRAMMING

INSTRUCTIONS

COMPUTER SCIENCE

COMMAND

DATA

ALGORITHM

```
M F G N I D D O M U L O A G Y S K
K X S C G N I C N E U Q E S D W X
C O M P U T E R S C I E N C E R H
O K B O M F Q G O D J B X A G B R
M U S C I T O B O R F R J L A J T
M Z S I D G W W I T X D V G U T I
A T D N S N R E T T A P N O G S N
N H Y A O S N Y B J X I I R N Q J
J G R A T I C Q U D M I F I A D M
T D N T W A T R P M E X B T L W S
R H O E N U U C A X X S A H U P R
J G H R V P B R U T W B I I O A O
M H T I R O G L A R C O L G N G B
C G Y V E O R L D G T H Q A N V O
X M P H R C H J A V A S C R I P T
F V X P P G G S P X B C N C I Z I
W A A D N A M M O C X T N I E U C
```

NUTRITIOUS!

Can you find all of the nutrition-friendly words in this list?

WORD LIST

FARMERS MARKET

VEGETABLES

FRUIT

WHOLE GRAINS

FOOD GROUPS

MYPLATE

BERRIES

ANTIOXIDANTS

MODERATION

VITAMIN

NOURISHMENT

PROTEIN

CARBOHYDRATES

LEAFY GREENS

HOMEMADE

READING LABELS

```
T N E M H S I R U O N S F R V I P
S N O J S Q S E I R R E B V M R E
F O W U P T D G K Y V T O W P M W
A L H D R D N X Y I Q A F G R S L
R F O O D I P E T I O R G E O N E
M H L N M A S A D Q M D W T T P A
E A E O R E M H V I E Y Z A E E F
R V G I V I M U M O X H P B E D Y
S E R T N P N A N E N O C L N U G
M G A A I V F Z D Q N B I E A W R
A E I R E C I L S E E R F T J T E
R T N E T A M O D E R A T E N N E
K A S D O Z S U A J T C A U U A N
E B G O R E A D I N G L A B E L S
T L R M P D Q G F Y J G E U A P I
K E A S P U O R G D O O F R U I T
I S I D J Q W J A C K H F Y G Y R
```

ANSWERS ON PAGE 113

THE LION, THE WITCH, AND THE WARDROBE

Part of the Chronicles of Narnia series, by C.S. Lewis, *The Lion, the Witch, and the Wardrobe* is the story of the Pevensie siblings and their journey through a wardrobe, into a mythical place called Narnia!

WORD LIST

LONDON	peter the MAGNIFICENT
chronicles of NARNIA	SUSAN THE GENTLE
LION	EDMUND THE JUST
WARDROBE	LUCY the valiant
KINGDOM	mr. TUMNUS
KINGS	WHITE WITCH
QUEENS	TURKISH DELIGHT
PEVENSIE	ASLAN

```
W A R D R O B E E C W B D S O Z A
V E Q U Q T W H I T E W I T C H P
I Z N Z G E C A D N O I L B K Q W
T K T R H D L A D G C Y W I L U N
N I I Q N M Q U E E N U N H U E U
E A Y N A U D C C D V G Q R U E P
C T S N G N R R S Y S L P F A N E
I J Y O O D V I Q U E E N S C U V
F M H J D T O F W T A A L R R F E
I N L B G H X M D S Z A I N R A N
N U E E N E K Z L H N O Q S O O S
G N I K I J I U X D W E O U D L I
A Z I I K U N W N Q V Q X N U Y E
M G L X B S G V P N C H O M H V H
R N I A C T Z R L P Y L O U X X R
T U R K I S H D E L I G H T O Q C
O E L T N E G E H T N A S U S M X
```

IN THE CLASSROOM

Which of the items below can be found in your classroom?

WORD LIST

SMART BOARD
TABLET
COMPUTER
DESK
MAPS
TEACHER
PENS
NOTEBOOK
TEXTBOOK
ONLINE CLASSROOM
BOOKCASE
SCISSORS
SUPPLIES
CLOCK
CALENDAR
BACKPACKS

```
S I Y S X K I F E T U O G V S H I
U M R R V D N M X U K V N K Z L H
H R A D N E L A C U T I L Q C G N
L Z C R L Y I T Y D L X U V A S C
B T M R T C N S T E A C H E R P L
P O D V M B E P O A C Q D Z M R O
A K O A C I C I G J B R I V U C C
Z D P K L Y L I M K A L E K L L K
F S E P C R A E Z O D T E V C O O
T D P S Z A S L B O J E A T O C O
U U W A K U S T O B S X E P M T B
S P D L R H R E K E V T B G P K T
U T J E S A O U Y T G B W E U T X
W P O L M Y O W X O J O Q I T P E
E I D S L R M S V N Z O F V E E T
A G L Q S R O S S I C S C N R C Z
B A C K P A C K S H K K S S S U U
```

IN THE RAIN
FOREST

Beautiful, lush, and diverse, rain forests house more than half of the plant and animal species in the world. Many we are still discovering—just like these words!

WORD LIST

TROPICAL

TEMPERATE

EQUATOR

EMERGENT

upper CANOPY

UNDERSTORY

forest FLOOR

DEFORESTATION

AMAZON

CONGO BASIN

PUERTO RICO

COSTA RICA

ECOSYSTEM

MONSOON forest

AUSTRALIA

NEW GUINEA

```
C N E S A B O G N O C L M A K I A
Y G X Q U J F V Q O A K D L Q E J
W Y U Q U N D E R S T O R Y N C N
E M P E R A T E A T Y E R I R O U
Q O P U E R T O R I C O U H I N Q
U L R A J H Y O C T R G Z T H G Y
A X R M H P O U R B W Z A X Y O N
Z M Y A T L F P X E K T B Y L B O
O M F Z F E J P N B S X Z A C A I
W T O O C R C C P E A Z A D I S H
R R I N Q N A O R A C I R A T L O
U O M K S N W O S E M E R G E N T
O P Q D O O F L G Y H L V J M T O
L I G P Q E O E I D S X J S S N O
F C Y V D B O N A U S T R A L I A
B A S X T E M P E R A T E Z T E N
L L A C I R A T S O C H O M P E U
```

ANSWERS ON PAGE 114

CUPCAKES

How sweet it is! Can you find the words in the puzzle below faster than you can polish off an actual cupcake?

WORD LIST

RECIPE	WRAPPER
CUPCAKE	SWEET
FROSTING	DESSERT
ICING	PARTY
HOMEMADE	EGGS
SPRINKLES	BUTTERCREAM
CHOCOLATE	MIXER
VANILLA	RED VELVET

```
A G G F A L B H C A H B L O T K H
E D N M E M O H E E E W S P D G F
M H I I E Y O U F X K D J E K C R
I X C X K C J R Y S A U S T O S C
X O I E O A O Z C K C S K A F G D
E Z C L K S O R C A E H L K R G R
R B A U T P E X T R P L S E H E H
P T G I B C B L T J I B C O D J E
E P N R O C U R K N P I E V G X D
U G I G Q U Z H A N P R E U V J A
X E T C I P S V D E I L P M K Y M
Z U S X F C I Y L Z V R P I W W E
R E C T T A U L T E H E P Q G S M
Z K R S R K G I T R E C Z S U W O
A B U T T E R C R E A M K D D E H
J U C P A R T S W R A P P E R E E
Y P T M W D W S E I Q G M E T T Y
```

ANSWERS ON PAGE 114

WAYS TO CHILL

Sometimes school—and life in general—can feel stressful. Here are a few ways to take a break and re-charge. Which ones have you tried? See if you can find them all in this puzzle.

WORD LIST

1. YOGA
2. MEDITATION
3. go for a RUN
4. read a GOOD BOOK
5. jump on a TRAMPOLINE
6. LISTEN TO MUSIC
7. take a DEEP BREATH
8. give someone a HUG
9. PLAY A GAME
10. TAKE A NAP
11. walk with a FRIEND
12. talk to SOMEONE
13. play with a PET
14. keep a JOURNAL
15. DRAW pictures
16. COLOR in a pattern

```
A E Q S T K U J G F Q D I N N E R
W O M T S W U R S O Q R S H N U Q
Y P M A A J V Y T O O K W F L M A
A J E R G M Y O X J K D D I U U X
Q Z D H H A X V E W M M B M W B L
O I I R T S Y N C A X I C O I R I
E A T D A O T A O L X T Z C O B S
N Y A P E M E V L Z A H R H D K T
I W T Y R E G U O P U N I C G Y E
L U I P B O U N R G I P R N E F N
O G O J P N R F O E M L Z U V X T
P S N U E E B C O I E A A G O Y O
M Q C H E A T R K P D Y C M B J M
A V I J D D E D U E I A Y O G I U
R Y H N P I Q X N N T G B T P A S
T A K E A N A P H F A A U M V W I
Z M O T K Y R B O G T M S O W V C
```

GRAPHIC NOVELS

Which of these graphic novels have you read? Which writers have made you laugh—or cry— with one of their stories?

Find all of these graphic novels and cartoonists in the puzzle.

WORD LIST

EL DEAFO	jeff KINNEY
CECE bell	diary of a wimpy kid: the GETAWAY
out from BONEVILLE	LUCAS turnbloom
JEFF smith	AMULET: the stonekeeper
DOG MAN and cat kid	KAZU kibuishi
DAV pilkey	AWKWARD
SMILE	SVETLANA chmakove
RAINA telgemeier	MARCH
DREAM JUMPER	JOHN LEWIS

```
D R A W K W A H C D A N Q H W Z M P P U
Q D H U D B O N E V I L L L M Y I J H I
X G H U G W J D S X J X Y N N F X S B X
M A E L O Y E U B S A F J Y Q S K B C N
O M B T O N X H V K M A T Y E S Q E P J
N P A H A G D E P O A I E U R N C D X R
Q E M M S W T R R J R Z L Z E E N Y A G
C O E V U L A Y Q O C T U E P H P I T O
R D Z A A L Z Y J H H R M K M M N L K H
F K O N R K E A O N L L A V U A T U P O
X X A G X A Y C H L H S U L J P B C G G
S G O O M L E Q N E U X U C M D J C I P
E B O F Z A V S L W E C T V A D W A P I
Y Z B F G L K F E I I L P N E S A S H O
I W Z P A S F R W S F W D H R C I A Q S
Y K U O H E L L I V E N O B D G S Z M X
L U Z A J S D S S V E V G J F F E I P V
L Q L E Z L O L R A I N M Z N C L V T P
Z B A X N J N A E G O D A N N E J V V M
E F A E D L E B M H P X N Y Z R U F A E
```

SPORTS EXPRESSIONS

Keep your eye on the ball as you approach the finish line of finding all of these sports expressions in the puzzle!

WORD LIST

THREE STRIKES you're out

PAR FOR THE COURSE

OUT OF YOUR LEAGUE

BALL IS IN YOUR COURT

THAT WAS A SLAM DUNK

PASS THE BATON

LOW BLOW

EYE ON THE BALL

at the FINISH LINE

hit it OUT OF THE PARK

SAVED BY THE BELL

OFF AND RUNNING

BATTING A THOUSAND

CLEARED THAT HURDLE

DOWN TO THE WIRE

TOE THE LINE

```
I L C E S R U O C E H T R O F R A P P G
B Q O L L A B E H T N O E Y E I I Y F J
Z A K W E R E R A P T H T F O T U O I Q
S E L T B A T T I N G A T H O U S A N D
A L R L W O R Q O V M E N N U Q A E I O
V H O I I P U E D E F K I D T U V N S U
E V A W W S O T D U T I P H O Y E R H T
D B A O B E I F O T H H N D F T D C L O
B A W L Q L H N F F H O E I Y U B Y I F
Y T J B S Y O T Y A T A Y L S G Y F N Y
T T Q W A U H C O O N H T K I H T H G O
H I R O V C S M K T U D E H P G L L T U
E N I L E H T E O T N R R P U G E I M R
B G C F D H Z U Q S C W C U A R F N N L
E A R R B T C L Q G D E O O N R D W Q E
L T H A T W A S A S L A M D U N K L O A
L H E H T Y B D E V A S G Y K R I B E G
T O G J R F I N I S H L I N K L T N Q U
D U Y W N V T H R E E S T R I K E S G E
I S R L I E S E P A S S T H E B A T O N
```

LOGGED IN

WORD LIST

PARENTAL CONTROLS	DESKTOP
LOG IN	internet SAFETY
strong PASSWORD	EMAILING
CODING	GAMING
KEYBOARD	TIME LIMITS
TRACKPAD	COMMUNITIES
PRIVACY	USERNAME
LAPTOP	MMORPG

There's no doubt that we all spend quite a bit of our time online.

See if you can find these terms about the online experience—and always make keep internet safety in mind.

```
X P D I V H K W B J H F D R Z I T N G O
U O R F M Z S T H N Q J T J N A T F E M
N T T I S M L A B Q L V W U I P C Q M V
Q K E Q V N O V F I Y I M R Y T E F A S
U S R N Z A R P B E P M R B X G G Q I S
L E K J J G T D R A O B Y E K A L C L Q
O D Y C P T N Y R G G I L I A M E H I F
G P D R A R O F U L N U A C I E O L N P
I E O H R A C Z O J I M O O K N E W E W
D M R F E C L O O I L K D E F G B K D D
M G S R N K A Z S E I T I N U M M O C J
L U T E T P T L L Z A H E Q M K G P C Z
C S I T C A N M G P M O Z O P J A D P G
B E M S O D E R G Y E L R R I S T E N V
L R I K N A R X B R Q P I G S H Z I N F
K N L E T A A Z G W J L W M P M O F C
S A E O R P P Z M B A P O T P A L B D T
A M M W O V Z W W C C R G Z G I W X O S
K E I D L I X G Y Z D W I K O I A R L B
J B T H S Q P J C O D I N G D K W W U C
```

ANSWERS ON PAGE 115

TV SHOWS

WORD LIST

LIV AND MADDIE

MAN VS WILD

BLACKISH

ELLEN

FRESH OFF THE BOAT

HENRY DANGER

THE FLASH

RIVERDALE

anne WITH AN E

LITTLE BIG SHOTS

DRAGONS RACE
to the edge

the
WORST WITCH

rainbow butterfly
UNICORN KITTY

ANGRY BIRDS

all hail
KING JULIEN

GIRL MEETS WORLD

spongebob
SQUAREPANTS

From animation to live action shows, there have never been so many choices in deciding what to watch! Which one is your favorite?

```
I Y P T L V S O G I R L V S W I L D I Q
C T S E K B E I D D A M D N A V I L M B
Y T T I K N R O C I N U R H Y O I I A H
F W A G T A S M C J P H R D Q T M W N O
J Z P I T A D W O R S T W I T C N S M V
V N E R W V O R J F I B U L Y E E V E L
S D R L I O P B E N D Q E E B L I N E I
N H A M T L R W E V X B A C O U L A T V
O E U E H Y U L X H I O B A E B U M S A
E N Q E A V N D D G T R U R L L J W W N
L R S T N Q I N S Z H F K S L A G T O D
A Y D S E W C H E I S G F N E C N U R M
D D R W A Y O M D L A T O O L K I O L A
R A I O S T R R Y U L N A G H I K Y D D
E N B R S J N F S Y F E V A R S B K Z D
V G Y L M S K P D T E H N R D H E W J I
I E R D A D Y R N E H P Q D E A R R N L
R R G O Q A W O R S T W I T C H W I F I
S T N A P E R A U Q S B L A C K F I S H
V Q A X F S Q U A R E P L A N T S P R F
```

MAGIC TRICKS

Whether you're a magician's apprentice or a total pro, there's always more to learn when it comes to the world of magic! Find the words below before they vanish!

WORD LIST

HOUDINI

MAGIC WAND

GUESS THE RIGHT CARD

ABRACADABRA

ALAKAZAM

RUBBER PENCIL

WATER TO ICE

DISAPPEARING BALL

SAW SOMEONE IN HALF

MAGIC ROPE

LINKING RINGS

COIN BEHIND YOUR EAR

PENN

TELLER

LEVITATION

SLEIGHT OF HAND

```
Z O T D L N J D J X V Y V H I R H A O E
Z R U I W S H P I L T D Q Y G D T I W K
M U U S S G N I R G N I K N I L N N Y J
A B R A C A D A B R T S G S O U A I C J
C B Q P V F W G X D P A A T W Z W D O Y
I E M P S L E N S W Y P L E S U C U I S
C E Q E Y A I X N T P P X L D E I O N L
D R A C T H G I R E H T S S E U G H B E
M P B R N N V D A Z P N R X H R A L E I
A E R I D I P R B O O U D S Y F M G H G
M N A N F E I H Q E B O R C I G A M I H
A C K G R N R U B B E R P E N C I L N T
Z I A Q G O M H E K X B I L A O A O D O
A L D B S E J R Q E Q S H O U D I N Y F
K U A Q S M P K D N A W C I G A M R O H
A L B U O O D W A T E R T O I C E B U A
L A R F N S B C L G G C R Z Q W A D R N
A A A C O W L I N K I N G R I N K L E D
T Z I V M A G I C R O P E E L L E T A A
A L T X T S L E V I T A T I O N P L R A
```

ANSWERS ON PAGE 116

THE HOBBIT

From classic 1937 novel to big-time 21st-century movie, The Hobbit is a story for all to know and love. Even if you've never thought about Second Breakfast before, give this puzzle a try!

WORD LIST

RING	OAKENSHIELD
BILBO BAGGINS	MIDDLE EARTH
GANDALF	FRODO
SECOND BREAKFAST	GONDOR
GOLLUM	HALFLINGS
SAURON	HARFOOT
THE SHIRE	STOOR
GOBLIN KING	FALLOHIDE
SMAUG	TOLKIEN

```
P A S L E D I H O L L A F S F Z M F U J
T O L K E I N Z C A F T E T T D L R S E
H M H R T O O C Q D K C Z Y X A I U M X
E R A G S R M C C O O E S O D N B P A Z
S M L M F N T O R N B B N N H L H K U C
H Q F G V M I D D L E E A R T H J H G J
I S L N P H G G N Z N G U A L V G P N K
R T I I B O G S G D P E G X F T Y G F P
L O N K Q W A W T A L A W O L D H O K O
E O G N T E N Y D B B E D H I R T N R M
Y R S I O I D N K Q S O I E N E J D I T
M U L L O G A E K N R A B H G D K O T J
I N I B F B O D W F E C U L S X J L D A
U C V O R A F N B K N I I R I N Z V O W
G X V G A W W B D Y R D K N O B E Z D T
M E H Z H M O T X O N U H L Q N A K I C
U W M T S A F K A E R B D N O C E S A P
D C B T G O B L I N K I N D D T A Y X O
H Y M N T Z X O T H E S H I R E Z T M Y
F W X C A Y S I Q R D O N Y Y U N Q L D
```

ANSWERS ON PAGE 116

LAUGH OUT LOUD

The punchlines to these jokes are all hidden in the puzzle.
When you stop cracking up laughing, see if you can find them all!

```
J X E L M H I S T R A W B E R R Y G G V
X V U W E N E V M Z U L J N J E S H R J
D L X S C K S G O D K K R O J V N K U A
E N R Z I O E E O E K V Q N F O O I O Y
N W I G Y Z V I S T J J X S A L O J T M
I V H R 2 D E T I O T Y M O N C T I E R
N U S 2 G K N A C U C O C N C F R A D U
E S A D M O A B A O O M A I A A A O 2 E
T V E Z V B T D L D W K K D K O C T R H
A P T O T O E K S D Z C L U E L J T P P
N H J S T R I H S A E T U O S R U O B O
E K J T I B T A X A H D O L K U K G H R
V N W T K J R N T C N L S X A O D E T T
E A H T I H A V E A N A S K C F M H U S
S O R O C H O C O L A T E C H I P P O A
B B T X J I O T U I Q B Q V S S G G E T
E G G S T R A V A G A N T Y A Z Q G E A
C A T A S T R O P H I C K M X H L L D C
S H F L S A F S G E R O N S O N I D 2 Y
D C O W C U L A T O R L T V S W X X R Q
```

WORD LIST

What kinds of shows do cows like?
MOOSICALS

What do T. rexes do when they sleep?
DINOSNORE

What do you call a party thrown by rich chickens?
EGGSTRAVAGANT

What kind of cookies do hippos love?
CHOCOLATE CHIPPO

What did the curious lumberjack say?
I HAVE AN ASK TO GRIND

How did the car feel after a long day out?
TIRED

What is a scarecrow's favorite fruit?
STRAWBERRY

What do you call it when kittens get into trouble?
CATASTROPHE

What do cups like to wear?
TEA SHIRTS

What kind of show did the gas pump like to watch?
CARTOONS

What did the air conditioner order for breakfast?
FANCAKES

Why was six afraid of seven?
SEVEN ATE NINE

What did the farmer use to keep count of all of her animals?
COWCULATOR

What happened to the frog's car when he didn't pay the parking meter?
HE GOT TOAD

What did the Leprechaun baker make?
FOUR LOAF CLOVER

What do you call a droid that takes the long way around?
R2-DETOUR

ANSWERS ON PAGE 116

ANIMALS WITH STRIPES

Line 'em up! Some animals have spots, others are solid as can be.

These animals have stripes—and whether you've heard of them or about to go look them up, see if you can find them!

WORD LIST

TIGER	NUMBAT
BUMBLEBEE	CORAL SNAKE
ZEBRA	CLOWNFISH
STRIPED MARLIN	BONGO
OKAPI	BABY TAPIR
CHIPMUNK	MANY-LINED SKINK
SKUNK	RED EARED SLIDER
CUCUMBER BEETLE	black and white WARBLER

```
F D W N R U G L B N V T C X R V R L U L
Q U P A X V S H C U G K S E V D M J P G
F Y D X X L I V F M V V G A R R X E A A
M V B V G Y F W H B L G C P E H R L B N
T A N U I O N D S O I U H G D A I T K B
Z H N I M C W U U T O P I Z I F P E N D
X E B Y L B O T E D M T P T L M A E W L
B B B H L R L R W M A Q M U S A T B Y W
G F I R O I A E E R G O U Q D V Y R A L
N F D E O F N M B L S X N B E C B E A V
U K G K Z H Z E D E S W K L R I A B V A
M I H A C K Z Y D E E N Y C A U B M M I
B R C N L G D I E S P M A F E M D U L P
A G A S O R H B I W K I V K D W U C Z A
T T T L W A F O K A P I R V E S B U N T
R M D A N M P N I N B R N T R V T C W Y
P K T R F V S G P J K N U K S B W J R B
I B A O I I L O P M O C W E F K B J S A
H G G C S G X S K J R E L B R A W I A B
O E K F H C U C U M B E R B E A T L E C
```

PARANORMAL

WORD LIST

PARANORMAL	VOICES
INVESTIGATION	POLTERGEIST
GHOST	ROSWELL
HAUNTED HOUSE	AREA FIFTY-ONE
UFOLOGY	SPIRITS
ALIEN	MYTHBUSTING
BIGFOOT	SUPERNATURAL

LOCHNESS MONSTER

CRYPTOZOOLOGY

ELECTROMAGNETIC

PARAPSYCHOLOGY

For believers, the paranormal is an area of intrigue and mystery. For skeptics, it may be nothing more than the product of an active imagination.

One thing is proven: all of the words below are hidden in this puzzle!

```
J Y O A X A Y G O L O O Z O T P Y R C V
H G Y L A R U T A N R E P U S M S V G E
L O C H N E S S M O G H O U T U L Y S T
W L G S H B L K U Y Q D M L Z K R U Z N
R O G N P S U A X F J L L E W S O R E I
E H M H W I E P M E O A M Z D H N I M T
T C Y J O J R C R R Q L R O D G L G O S
S Y T P L S K I I X O C O E M L K G Y U
N S H G E F T T T O Q N T G A R X E T B
O P B J W U R U P S V N A F I F M G F H
M A U C S V J W R P U J B R J C I Q I T
S R S W O B P A R A P S Y C A U D F F Y
S A T Y R W L A H Q M J T L R P M R A M
E P I M C I T E N G A M O R T C E L E Y
N I N V E S T I G A T I O N Z N S H R Q
H G G W E Z U E N O Y T F I F A E R A M
C Z G T G D Y G O L O F G Z D X L U R J
O B L S U M V W O W N E I L A L A K U K
L O B I U F O L O G Y N B N R K O M T V
P Y K P Z P O L T E R G E I S T P Z P D
```

ANSWERS ON PAGE 117

ROOT WORDS

Root words are the "meat" of many of the words we use in our everyday lives. Can you find them all?

WORD LIST

SCRIPT (to write)	CENT (one hundred)
GEN (birth)	GEO (earth)
AMBUL (move, walk)	ORTHO (straight, correct)
AUTO (self)	MULTI (many)
CYCLE (circle)	TEMP (time)
OMNI (all)	CIRCUM (around)
CARDIO (heart)	SPECT (see)
DEM (people)	CHRON (time)

```
W  G  V  U  P  L  U  J  E  J  L  F  M  J  N  I  Z  M  L  F
A  P  C  A  Z  I  T  T  R  L  C  D  C  U  I  U  E  G  U  M
Q  L  A  O  X  U  U  G  E  S  C  V  T  A  C  D  U  M  A  Y
E  J  M  H  G  A  X  G  F  C  S  P  N  C  H  R  O  M  S  A
Z  H  Y  D  T  J  X  C  G  Z  I  I  U  C  U  V  I  S  Q  M
E  A  N  X  K  R  J  H  H  R  U  O  I  X  V  D  B  C  X  T
A  H  O  Q  J  M  O  T  C  W  N  C  I  V  A  W  W  R  Y  U
T  J  R  R  F  J  P  S  A  H  B  S  X  T  E  L  H  I  T  X
L  F  H  A  T  B  E  Z  R  D  R  Q  D  G  L  V  S  P  U  X
U  A  C  C  I  H  V  D  D  L  F  O  N  H  C  U  P  P  C  C
M  B  X  E  X  B  O  S  I  A  Z  Q  L  S  Y  S  M  K  R  A
D  O  M  S  P  D  Y  G  E  O  P  Z  A  M  C  U  T  A  I  K
J  M  P  K  A  S  K  R  L  V  H  U  O  R  D  S  P  E  C  T
I  N  S  M  H  Z  Z  P  C  N  C  O  I  C  M  B  F  T  E  B
R  I  B  O  E  Q  A  W  W  X  J  I  O  T  O  E  G  E  N  R
K  U  M  F  R  T  G  X  S  I  P  D  U  T  C  J  N  M  T  O
L  T  Q  T  G  E  T  A  S  T  O  R  U  X  C  Z  E  T  E  P
S  U  B  Z  Q  F  X  D  Y  U  A  A  M  B  U  R  A  J  P  Q
L  Y  N  C  B  P  R  A  O  C  T  C  Y  C  L  I  R  M  X  Y
Q  X  P  J  X  B  R  R  E  L  M  C  Q  D  B  V  B  S  S  H
```

ANSWERS ON PAGE 117

LIFE ON THE FRONTIER

In the 1800s, North American families heading west discovered new land and enjoyed unexpected adventures.

They also faced hardships that would be difficult for us to imagine now.

WORD LIST

COWBOY	PRAIRIE
GRASSLAND	SADDLE
HARVESTING	SCHOOLHOUSE
HORSES	SETTLERS
LOG CABIN	SLATES
MOLASSES	SNAKES
OUTHOUSE	STEEL PLOW
OXEN	WOLVES
PONY EXPRESS	GO WEST!

```
C K W S B P O S Z C A G O O I C W W L I
L P O N Y E X P R E S S F W N A Z X P C
K C R E K S E S U O H L O O H C S N M B
Z G M K P G E Y Q H U L W M R O H H M C
N P X S A I J T P S V W A L P L E E T S
A F L G R S Q V T E G N I T S E V R A H
Q H Y I Y R N I S L W O L P L E E T S U
J O A Y S L B N I U E Q V S D C S E I I
I R D F E A A L U V E R E Y A K S N W M
P S S Z S K D L O Z O O S P Y S B W O C
R E I X E H H D J G W F R Z A E I L L Y
A D R S S N D I L T C E N L U T E G F P
I N K M R V Q N I E A A O M R T G W E H
R B F J O X Z X A K D M B V V L X W S C
E S U O H T U O T L O A G I O U I S S O
E Z T S U O H T U O S O S C N D S J N W
R X T Z S N Y O X V W S C M X S E E A B
Y S Z M K G G O P E T A A V L J X L P O
S C H O O L H O S E L P F R O O O U E Y
M X F N D L B T S O Y R Q Y G N Y R S O
```

ANSWERS ON PAGE 117

NATURAL DISASTERS

Sometimes the weather and other conditions in nature lead to big events that are out of our control. When this happens, people from all over the world often join forces to help however they can!

WORD LIST

BLIZZARD	CYCLONE
HURRICANE	SINKHOLE
TORNADO	DROUGHT
TSUNAMI	DANGEROUS
WILDFIRE	EMERGENCY
AVALANCHE	WARNING
VOLCANIC ERUPTION	FIRST AID
FLOOD	RESCUE
SUPERSTORM	STORM CHASERS

```
X V E D G T L X K G L S D J L X H Q Q I
E Y J N N B L N A Q M X I S U W Q Y I W
N O D R O U G H T M D F I R S T A I D U
A R A G W L P A S U I R E G N A D G B I
C D E F U Y C H Y C N E G R E M E I M C
I F G S W Y J J Y Y R W Z V G R H P A U D
R V O L C A N I C E R U P T I O N H M Y
R R V Q S U R D R A Z Z I L B U T R Z H
U X E S W I L D F I R E P A S D S V S U
H Z F N R Q Z I O H W Y A T R T Z U T R
W R B S G E F T K J K F D X F C P F O R
A O L U U Y S O W G D V S F I E I I R I
R P U O G A V A L A N C H E R K M D M C
N Y Z R T V N U H Y R R C S S D V T C A
I A M E N U S T J C X N T J T J O N H N
N O J G N L X G E A M O I R A R C O A N
T S I N K H O L E H R R S N N Z B B L Q
C M A A H F A P F M Y Q O A G U W T K F
A Q V D J R E S C U E K D T M P B L R G
P F L O O R F C A K O O S F S C L N P Q
```

SHOPPING!

WORD LIST

MALL	SALES
SHOPPING	CLOTHES
ONLINE ORDER	SHOES
RETURNS	COUPONS
SHIPPING	COMPARISON
BROWSING	PRICE
CASH	COST
SAVING	BACK TO SCHOOL
FOOD COURT	BARGAIN HUNTING

Go shopping for these words... all about shopping!

```
R W F X M R F J A S B B L C V Q Q M G X
B T E D S A V E O V E A B K C C B Q X J
I A T X N P Q H V C R R I X L O C P M X
I H C G R S O O I D V G X D O M E N B H
B A L K U H H R U B K A X C T P C B F J
O A O V T J P I R J A I A A H A L A C R
S K T E E O Y O P J A I A A H A L A C R
Q R H T R S W F S P Z H N X S I U K B A
Z I O T B S L S M E I U J Y W S P T G L
B L P S I R E D R O E N I L N O M O M T
H W O N T L K T D A F T G S I V Z S Q Y
J P G E A Z Q Q R T L I F F D C E C B Y
U C S S M P K P R U O N W E R O S H O E
P R S A V I N G Q I O G N E O U J O K Y
H Y L S H O P P I N G C O C S P O O L U
G L S N S J S E O H S H D D Y O H L C S
D D C X Q U S J H P S J X O C N O D K M
G C N S N O S I R A P M O C O S T G O G
V U S Z H B V V C T U S Z Z G F S N C L
T W X H T F V X K N O P U O C W P I V M
```

ANSWERS ON PAGE 118

PERCY JACKSON & THE OLYMPIANS

WORD LIST

PERCY JACKSON

ANNABETH CHASE

APHRODITE

ARES

ATHENA

DEMETER

LIGHTNING THIEF

OLYMPIANS

SEA MONSTER

ORACLE

CAMP HALF-BLOOD

POSEIDON

GROVER

HUNTERS OF ARTEMIS

TITAN LORD

battle of the LABYRINTH

LAST OLYMPIAN

DEMIGOD FILES

The terms below are from the series *Percy Jackson & The Olympians*. Can you take a journey through this puzzle to find them all?

```
S H J Z Y N L O O A V E S E A M O N S T
U N S T D O A N K H L U N N I K P F C R
X N P L N S P D L C O C A F E R C S V H
W A O A S K H U A N O D I E S O P I R U
C I S S E C R R B Q U C P U A V L M F N
V P E T L A O O Y I M B M M H R S E S T
A M I O I J D N R O P Q Y A C D I T C E
P I D L F Y I Z I A J E L U H H R R J R
H L O Y D C E F N M C S O C T R E A X S
R O T M O R T H T A E L S G E A V F V O
O L J P G E W H H A O E N T B E O O D F
D S X I I P D P M C T I E H A R R R H A
I E K A M A Y O D J N M X J N A G E M R
T L U N E M N P X T E Y A N N K M T O T
E K I N D S Z X H D G H D C A Z K N Z E
A C H B T A F G T I T A N L O R D U I M
G A F E P F I E W J W R Y K A N E H T A
T R R E L L I F O O G I M E D D F S B S
I O N N C N E H T A P Y J V M R V K R S
N W P I W N C A M P H A L F B L O O D H
```

AT THE MOVIES

Doing a word search is like going to the movies. It can be super scary or it can make you laugh! (But hopefully we never make you cry!)

WORD LIST

POPCORN	SEQUEL
SNACKS	3-D GLASSES
SCARY MOVIE	CGI
COMEDY	RATINGS
DRAMA	TICKETS
FIRST ROW	ROTTEN TOMATOES
NO TALKING	SPECIAL EFFECTS
CELL PHONES OFF	SURROUND SOUND
PREVIEWS	IMAX

```
I  N  O  C  W  G  H  S  T  E  I  V  O  M  Y  R  A  C  S  K
E  O  T  A  M  O  T  N  E  T  T  O  R  A  G  Y  C  N  O  N
V  T  H  N  L  3  D  G  L  A  S  S  E  N  S  O  C  H  R  P
J  A  G  T  P  O  P  C  O  R  N  V  H  L  M  G  J  C  R  V
L  L  U  T  I  C  K  E  T  D  M  X  S  E  Q  U  E  M  O  Z
E  K  N  M  Q  S  U  R  R  O  U  N  D  S  O  U  N  D  U  G
U  Q  A  S  J  H  X  U  X  Y  O  Y  E  R  X  A  M  I  N  N
Q  V  I  D  Y  C  F  F  O  S  E  N  O  H  P  L  L  E  C  F
E  H  C  S  T  C  E  F  F  E  L  A  I  C  E  P  S  S  C  R
S  J  G  F  H  C  K  L  P  O  W  P  W  S  A  I  G  C  Y  F
E  N  E  W  I  3  D  G  L  A  S  S  E  S  C  N  U  S  N  G
A  F  A  C  J  R  B  X  Y  P  P  B  O  U  I  S  K  E  O  N
P  R  N  C  S  3  S  H  O  O  H  V  Y  T  I  C  K  E  T  S
R  M  F  A  C  D  H  T  A  F  K  O  A  J  A  N  Z  J  A  E
E  K  C  M  Z  G  Z  R  R  F  H  R  E  N  C  I  B  E  L  U
V  C  C  A  P  L  S  M  T  O  U  J  S  S  Y  I  V  L  K  V
I  J  Y  R  S  A  Y  X  O  M  W  J  Y  M  O  F  G  E  I  P
E  N  W  D  X  S  E  O  T  A  M  O  T  N  E  T  T  O  R  R
W  L  J  Z  Q  S  F  U  N  X  N  F  T  X  E  G  F  M  B  P
S  M  F  O  N  K  A  R  G  N  I  K  L  A  T  O  N  O  H  R
```

ANSWERS ON PAGE 118

SCHOOL DANCE

Whether it's in the gym or the cafeteria, or at a fancy hall, school dances can be a ton of fun. See if you can find all of the words below and then...dance!

WORD LIST

LOUD MUSIC	CAFETERIA
DJ	SCHOOL GYM
CHAPERONES	BOWLS OF CHIPS
DABBING	BALLROOM
FLOSSING	CHA CHA SLIDE
SLOW DANCE	COTTON EYE JOE
DRESSED UP	MACARENA
DISCO BALL	STANDING AROUND
JUMP	

```
Z S E U G B G B B S P I G C F O L W O B
C T M F L V C A O K C N J N J I O G D Y
C A F E T E R L A W I J Q D N M U N R G
O N T C O F J L A B L K S Q L Y D I E E
T D I H P E M J B E P S A N R G M S S S
T I U M V A M A U E A C O L Y L U S S N
O N I Y O C D K I M E X U F V O S O E I
N G M G Y O W C Q D P N P O C D I L D G
D A U L R A R N I D N A T S Q H C F U T
Y R N O D I K L Q N G E L P M C I X P U
E O E O S U S P L I C J Y M Z S L P Q F
J U R H R A N R H A D A S Q D K J A S B
O N A S H R C M S C B Y F C D U S I L R
E D C C X Z K K S E N O R E P A H C M X
T I A A E S L O W D A N C E T G J Z B S
L H M D D P A K S J O L W S D E S S W N
C I A E C M C B M W W C N B I I R F H E
T G X B A U D I S C O B A K E D A I K I
P F O O R L L A B A N E R A C A M M A S
O I A T C O T T O N E Y E J O E I D Q T
```

KEEPING IN TOUCH

WORD LIST

TEXT	CALL
GROUP CHAT	LETTER
VIDEO CHAT	NOTE
EMAIL	HEIROGLYPHICS
SIGN LANGUAGE	POSTCARD
BIRTHDAY CARD	WHISPER
SPEAK	FACE-TO-FACE
PHONE	MESSAGE IN A BOTTLE

Send a text. Make a call. Mail a card. It doesn't matter what you do, just be sure to keep in touch! But first, find the keeping-in-touch words below!

```
G W Y R S W F K U X A B Y Z H G I Z D M
K N O T I C T Z W A M K R J T C V M R V
M I P Q G D I O O E H A E P E S P E A K
D H J K N R S H V V S T H R X U S S C L
L G T T L A R E P S I H W C T P N S T K
I E A H A C I N F Y N W I Q O N T A S Q
A Z H Y N Y Q O A G L N L P Z E Z G O O
M Q C A G A F P C A A G A T A C D E P G
E K O B U D F H T D N X O B J A F I P P
M E E T I H V O T X G X L R B L X N V V
S E D F S T S N O H U G H X I L L A J G
W P I I H R A O F N E P I A R E Q B Z G
Q S V N L I O H A T G I M J T P H O N E
H U L A D B G L C M E G R Z H F V T W W
V F R E T T E L E P K I K O D Y T T T F
Y W H I S P E D T D U H H W G L G L D T
L H W E B H S X O W M O Q A Y L F E Z L
K C M U L Z M W N G W S R O C A Y U Q Y
J I J J E G A U G N A L N G I S Y P C P
T I J P E J Y Q J K M C I B U S M F H B
```

ANSWERS ON PAGE 119

CORAL REEFS

In waters all over the world, coral reefs provide food and shelter to up to a quarter of all ocean species. These marine ecosystems are threatened by shifts in their waters, especially pollution from humans and climate change.

WORD LIST

AUSTRALIA
PHOTOSYNTHETIC
DEEP-SEA CORALS
POLYPS
CNIDARIA
JELLYFISH
FRINGING
ATOLL

CONSERVATION
STAGHORN
CARIBBEAN
ACROPORA
UNDERWATER
ENDANGERED
GREAT BARRIER REEF

PAPAHÁNAUMOKUÁKEA
(National Marine Monument, in Hawaii)

```
Z P F P H O T O S Y N T H E T I C D J D
J R K C N O I T A V R E S N O C Y O E F
P X A N F V X M D F O C T D F Q D E C N
O S D I R E E N J Q U A F A R I P N J W
L W T D H R E Y T G X L C N I S A D E G
Y D R A U S T R A L I A J G N H I S L C
S E L R G U A E R U G Y N E G G X Z L A
P R O I W H G D E E I J V R I O I I Y R
Y E S A U Q H C A R I B E A N M I H F I
L G G A W N O J O G L R A Z G R I S I B
O N L O T A R G H P L S R E B U G I A B
P A P A H A N A U M O K U A K E A F C H
K D O R D E W J Q P T J H R B I Q Y R O
W N L H U N D E R W A T E R E T P L O R
U E Y Z S L O Q I A B A U S T R A L P A
L J P S D X W G M O Z Z P G S T C E O J
L I P E R E G N A D N E X Y U Q F J R Z
J S S L A R O C A E S P E E D H L Q A G
P T G M S L E U J N R O H G A T S B L T
T T Z G C D R N A E B B I R A C P F T T
```

DINOSAURS

Beyond T. rex and stegosaurus lies a world of information about dinosaurs and the time in history when they roamed the earth. See if you can dig up all of the words listed.

WORD LIST

PREHISTORIC	PTEROSAUR
MICRORAPTOR	FOSSILS
HERBIVORE	CLAWS
CARNIVORE	TEETH
SPINOSAURUS	IGUANODON
ARCHAEOPTERYX	TITANOSAUR
PALEONTOLOGY	SAUROPOD
PACHYCEPHALOSAURUS	
PARASAUROLOPHUS	
THERIZINOSAURUS	

```
Y G T W R L I E X X G S N K Y X O N H C
G R C S U P A L E N T O L O G Y H P R A
O F R U A S O N A T I T C F J R R P A R
L Y H R S K S S Q S S L Y J E E F A B N
O S Z U O K C A J I A L I N H T K R W I
T U M A R H R U B W D G Y I S P H A A V
N R H S E E W R S V U E S K I O E S H W
O U U O T R F O D A J T P W K E R A A Y
E A G L P B X P N D O H I L R A B U H K
L S N A F I H O Y R T D N T P H I R P G
A O X H J V D D I E O L O P T C V O S X
P N D P G O J C E A H V S B F R O L L V
R I V E N R W T C F C R I C V A R O I A
X Z G C A R N I V O R E U N P W E P S Y
T I X Y U W H D Z C E E R G R B A H S R
Q R T H E R I Z I N O S A U N A O U O L
C E X C C S Q T G N V C I M B G C S F U
C H P A A K E U R O T P A R O R C I M F
G T W P H S U R U A S O N I P S I O Z F
V T I T A N O S O A R O I S Z K W R N Q
```

ANSWERS ON PAGE 119

PHOBIAS

From achluophobia to zoophobia, there's a name for every fear in the book. How many of these did you already know? Find them all in the puzzle.

```
A J P Y U M Q G T V J J Z D X A B H Y A
I I C B G D L P L K F O W B F I N I I D
B P H I L O P H O B O A W Y M B F B D Z
O P A S A I B O H P O R U L E O O X A I
H A V G V T B H A C H L U O P H O B I A
P I L J O A I B O H P O O Z P P E O B I
O H B S V R D B F R B W C E C O H V O I
H O I A S T A P H O B I M B S N A C H Y
T H C L G H V P K M O O K Y A A V O P E
I P M N O T H Y H O C N A A S T D K O Y
N O I E X P A I B O H P I N M O S D N K
R N S U L L H R S P B P P T H B P P H A
O H O T N O R O I H K I Y E O T C H C T
O C P L A B N L B F U R A P Q E V O E F
M E H W J S S X N I G C T C H D B B T Z
D T O W O M O M P H A L O P H O B I A N
C S B F K D N C H R O M O P H O B I A G
W A I B O H P A R T S A B O D D I J A G
R T A I A U X A I B O H P O R T A I X I
B W Z A I G O H P O S Y M K P T X E T O
```

WORD LIST

ACHLUOPHOBIA
fear of darkness

AGORAPHOBIA
fear of open spaces or crowds

ASTRAPHOBIA
fear of thunder and lightning

BOTANOPHOBIA
fear of plants

CHROMOPHOBIA
fear of colors

ELUROPHOBIA
fear of cats

IATROPHOBIA
fear of doctors

MYSOPHOBIA
fear of dirt and germs

NOSOCOMEPHOBIA
fear of hospitals

OMPHALOPHOBIA
fear of the navel

ORNITHOPHOBIA
fear of birds

PHILOPHOBIA
fear of love

SOMNIPHOBIA
fear of sleep

TECHNOPHOBIA
fear of technology

ZOOPHOBIA
fear of animals

ANSWERS ON PAGE 119

FIND IT ON YOUTUBE

WORD LIST

SLIME	HOW-TO
UNBOXING	TOP TEN LIST
OLD TV SHOWS	VLOGGING
GAMING	TRAILERS
HAUL	COOKING
MEMES	PRANKS
EDUCATIONAL	ANIMATION
COLLECTIONS	INSTRUCTIONAL
REVIEWS	NEW MUSIC

When they're not doing word searches, some kids spend a lot of time watching videos online. If this sounds familiar, think about all of the kinds of videos you can choose from.

```
P B U W Q C P R E G E N D Q A W M S R W
S F T N I A Q R A V W N N J T A L K D S
N L T F B Z U M A L G O E Y M D P L W R
P A B O I O I I G N X I W D J J I T B E
W N J L E N X L M L K Q M C U I Y H G L
U O N D G M S I Z T X S U Z E S I G T I
L I R T K M W T N L U Q S M A D O G K A
P T G V S A Q B R G X F I E Y D O N W R
R A S S N H O W G U O F C D Y S F I J T
Y C W H G S N O I T C E L L O C V G B A
U U X O Y O V K T G R T S Q C D N G E R
B D L W W C L G Q C I Q I X B M Q O D O
U E W S H O J X A U E G Q O F H K L N W
X I K C D V O S E M E M A V N V S V F X
E C O O K I N G B G V W J F K A N X F O
T U L A V C U S R D M W Q A A V L S S T
I Z L U E E L D S T S I L N E T P O T W
J P D A I I O G V Q O E S W E I V E R O
B D N Q M M P N O I T A M I N A X Y K H
V P E E Q N P J M I L U A H F T T L E U
```

ANSWERS ON PAGE 120

JUDY BLUME

The works of Judy Blume have been making kids and teens laugh, cry, and think for many decades. How many of these words about her work and career can you find?

WORD LIST

SUPERFUDGE	FICTION
FOURTH GRADE	SOUPY saturdays
FRECKLE JUICE	GREEN KANGAROO
FUDGE-A-MANIA	SALLY J. FREEDMAN
PETER hatcher	FRIENDSHIP
SHEILA the great	BROTHERS
FARLEY drexel	SISTERS
MARGARET simon	FAMILY
WRITER	YOUNG ADULT novels

```
Q F A J G K O A L S T V S K B I T H K E
G I R O T O O F Y U U B J K I Z H X F D
N G N E T I R W R P D A W Y W X R U R A
Z N H V C O J D S E T R Y F L K A Z I R
G Z E Y X K V L A R C B A F U L T N E G
R B Q P V V L X L F M K N R I C A Z N H
E S O U P S I E L U P I L E Y M O S D T
E Q F A M I L Y Y D W I H E A Z F Q S R
N F U S F Z F O J G D S S E J A O V A U
K B G H O H Z U F E O E G I R U D A E V
A R G Y U U Q N R Q H D O L S E I F T T
G O E N R G P S E P U R E Y S T T C D L
G T N R T I W Y E F R Y L L G P E W E U
C H G E H M J T D P I H S D N E I R F D
I E Z T G W E E M R P E T E Y W U I S A
M R X S R R A W A M M A R G A R E T Z G
Y S E I A F T Y N O I T C I F J S E E N
S H B S D S S I F F Z S Q T A V B R G U
Y D U A E U C J F B E U P S X H F P M O
J W M N O O R A G N A K N E E R G A K Y
```

IN THE KITCHEN

What's cooking? With this list, everything! Can you find all of these kitchen accessories in the puzzle? Bonus points if you have all of them at home!

WORD LIST

COOKBOOK	FORK
MIXING BOWL	SPOON
SALT AND PEPPER	KNIFE
MEASURING CUP	MANDOLINE
CHEESE GRATER	ICE CREAM SCOOPER
CUTTING BOARD	SIFTER
TIMER	CAN OPENER
THERMOMETER	CAKE PAN
MORTAR AND PESTLE	PIZZA STONE

```
A R R R D R E P O O C S M A E R C E C I
C H E E S E G R A T E R E B M A E A P
T C F T T N U N D Y P N U A L O O P K E
O U R J F E E D R D D B B V Z C F W E S
N M C E W I M P P I Z Z A S T O N E P S
P O I G A C S O O U H Q I I P O X O A G
L R O X J M E C M N C O F F N K O L N V
C T I P I V S F R R A G P T M B T X W S
U A Z C S N Z C N A E C N E X A E R J M
T R P J C Q G L O E O H I I N Q E N N K
T A M I X I N G B O W L T D R T L C E E
I N T A Z G K R B Q P J P T A U O P R F
N D A O N Z N A B O T E E R I O S T P I
G P P O G D A T T H P U G S K M G A U N
B E E V C G O E F P J E L B P A E Z E K
O S K G Y J S R E U S N O Z F T B R E M
A T A E T H E R M E M O T E R O C F H R
R L C D S Q O I E F K Q I I I P R A B G
D E M E E A H H Q S B O O K B O O K C V
Y X W K Y L C A K E M A N D O L I N E T
```

ANSWERS ON PAGE 120

BEYOND CATS AND DOGS

No, "It's raining turtles and rabbits" doesn't have quite the same ring to it as the usual saying, but it does serve as a reminder that the world of pets goes beyond our fun cat and dog friends!

WORD LIST

FERRET
GERBIL
HAMSTER
GUINEA PIG
IGUANA
COCKATIEL
CHINCHILLA
TARANTULA
TURTLE
FROG
RABBIT
MICE
PARROT
SNAKE
PARAKEET
GOLDFISH
GECKO
KOI
TEACUP PIG
HEDGEHOG
SQUIRREL
COCKATOO
RAT
GUPPY
CHAMELEON

```
M P W X N N U Z V N I W E P P U G R U S
M L P I Y D P A T S L P A R R O N E V P
K P A C G C T J V I G U A N O G M D P K
Z T A W F U C O C K A T O O L T R A I W
G F A P R H A A A B X U T B B A R G P Y
E E T T P R K N L S N A K E S R U N S D
E R L X M O U S E Q K S T L O A I K D K
E E T P A D P A R A K E E T N N T X H C
L T O T Y T J Z C N A T D A C T T O R E
R G M E Z A L H U C L E R R I U Q S K G
R A V R J K F T U A H S I F D L O G U J
I U D R X C W P X C L K G S L A E I H C
U R Z E L O P W H F B L F O V Y N G A E
Q A F F P I F Y C Q L I I E R E D E M F
S F F T G M A T P X Y B A H A F M C S N
L E I T A K C O C P J R M P C T T K T I
I G E C K R N K K J U E I A L N O K E U
X C E L B R E G I C I G Q K G I I O R O
T I B B A R C H A M E L E O N O F H V Y
I U N E H E D G E H O G X X K V A X C A
```

HISTORICAL FIGURES

From authors to inventors, activists to explorers, the historical figures listed here have had a great impact on our lives and on history. Who do you find the most inspiring?

WORD LIST

TUSKEGEE airmen

OPRAH winfrey

RUTH BADER GINSBURG

abraham **LINCOLN**

j. k. **ROWLING**

MARTIN luther king jr.

MALALA yousafai

HELEN KELLER

george **WASHINGTON**

mahatma **GHANDI**

MAYA ANGELOU

thomas **EDISON**

STEVE JOBS

GALLILEO galilei

JACKIE ROBINSON

sandra day **O'CONNOR**

alexander **HAMILTON**

JANE GOODALL

WINSTON CHURCHILL

```
W T W A S H I N G T O N Q I F R H Z J M
H L I B B M H H U U Q A G Y I G V Y A P
E I O C R A D D G S O N N Y U A S Y C Y
K N D H J X N E Q K Y I L O M A A D U B
X C R U T H B A D E R G I N S B U R G S
P O S R L L A D O O G E N A J Q W R M B
J L P C V T Z R W A C T C I O D D O A O
A M O H A B V Q P P H O O G L S O E L J
C G S I Q R H J M O N W N L B W Y L A E
K U A L E E G E K S U T M N R H O I L V
I H Y L N L O C N I L V A E O T O R L E
E A H L L G W X J I A L L I X R Q G A T
R M G A L L I L E O T L A Q Y C U V U S
O I D A M I I M Q C E R L H K D U S L Y
B L C Y N I F L L K M I A I C K K M I H
I T E D I D O N N N E I U M A R Z M M C
N O O O F E H E D N V T N O H F U Y J G
S N L N G D L I Z O V E R I D N A H G W
O S T E V E J O B C I T S Z T J T P C B
N F R O H F P A U O L E G N A A Y A M X
```

ANSWERS ON PAGE 121

SNOWBOARDING

WORD LIST

WINTER SPORT	BIG AIR
SNOWBOARD	HALF-PIPE
JIBBING	BORDER CROSS
OLYMPICS	XGAMES
MOUNTAIN	chloe KIM
FREERIDING	jamie ANDERSON
FREESTYLE	mark MCMORRIS
ALPINE	sebastien TOUTANT
SLOPESTYLE	redmond GERARD

Come in out of the cold and see how many of these snowboarding terms you can find!

```
O I B U B P C X Q T O U T A N E F N E O
Z Y A N Z O D R A O B W O N S I R Z O L
E E Z B J B X G B Z T K T R I K E Q L G
L S Q Z S S O R C R E D R O B X E C Y E
Y N N S U C N R K A Q R N L D M S Y M D
T O Q E Z C H O D W A U E Y C J T I P I
S N D M W Y N Z W E N U F M B I Y U I R
E I T A X B V A H B R R O P A X L Z C E
P P H G G I O A G P E R D I O G E P K E
O L O X V O L A M E R A L C F A X L S R
L A Q Q K F Z B R I T X R S I Z L B H F
S Z S R P R P I S D J O Z D P C K B S S
N M I I L G D R D Z W H U U F N L C J A
G T P G E I Z R H R W D N T T I H P V K
M E E R N P W F K F L L B R A R E G R Z
E O A G W B T S R M J I B B I N G B I R
N R X A G T R O P S R E T N I W T F A J
D X J M C M O R R I C A W P R D K S G B
A N D E R S O N V K F A L M Z O I N I V
K M B S U P X J A N I A T N U O M T B V
```

SKATEBOARDING

Some people consider skateboarding an extreme sport, while others think of it as the ultimate way to chill out. What do you think of this pastime that evolved out of the surfing world?

WORD LIST

SKATEBOARD	MCTWIST
GRIP TAPE	OLLIES
WHEELBASE	RAILSLIDE
TONY HAWK	HALF PIPE
steve CABALLERO	VERT RAMP
ryan SHECKLER	NOSE GRIND
rodney MULLEN	AERIALS
elissa STEAMER	BIGSPIN
KICKFLIP	OLLIE

```
K J W A H Y N O T K X Z Y T R C B T X Y
I C A F M Y K R Y E S L A I R E A O Y G
W L F V P B O E E N V E R T R A M N A V
S T E A M E D L N O S E G R I N D N I C
R E P S A C F L L I U B J R W S E K O A
C K B J R C J A J I P A M C T W I S T S
T N N G T Q Q B S E E H F Q Q T E D V P
T O O L R E A A I O S S I L L O P F I E
V S N S E I I C T G I Y L M S A J L X A
D E B Y V I P K H A S E A K W P F O F O
N G Z E H Z T T B X K P A X T K J Z E S
Q R Y P J A R Z A C N T T W C Q Z K C W
W I G I B F W E I P E H I I P Q I A Q Q
Y N B P W I T K M B E V K Z S C C E A B
L R X F W N V M O A S H E C K L E R F I
A E O L J O U A X B E O Z F G C Y I H G
R E Y A X L R Z D Q Y T L G C S O A Y S
L A D H L D D U E D I L S I L A R L H P
B D K E D W H E E L B A S E O R B N K U
U C N I P S G I B L S U S J T R S R U N
```

ANSWERS ON PAGE 121

FIELD TRIPS

MIDDLE SCHOOL

From finding out who your bus partner is, to class parents coming along for the ride, field trips are a super fun part of every school year. Can you find the words from this all-things-field-trips list?

WORD LIST

ZOO

HISTORIC SITE

SCIENCE MUSEUM

PLANETARIUM

ART GALLERY

UNIVERSITY

SCHOOL BUS

TEACHERS

CLASS PARENTS

BRING LUNCH

GIFT SHOP

AQUARIUM

apple ORCHARD

nature HIKE

TOUR GUIDE

working FARM

PERMISSION slip

NATURAL HISTORY museum

```
T N R B I Z X R L B S U H T R K S H N L
O Z O T U G E D I U G R U O T O C H R N
U M E T I Z O P Z J M P Q X T A H I J S
R O Q X H I S T O R I C S I T T O K W H
G M U I R A T E N A L P P O D P O Z A H
U G C Y T I S R E V I N U U R E L U Y C
I T Y E V K F M H Q M X O W K P S C R N
D S I R K O M V V J Y C Y X G M P T E U
H I S T O R I C S I T E A U V T E S L L
Y I J Z I T T A S R E H C A E T R T L G
H E K M U E S U M E C N E I C S M N A N
V I T E M Q L I Y F A R G H N H I E G I
G H S U B L O O H C S P Q P K J S R T R
J D F T Z Y J K A L G G G W N P S A R B
D X Y E O J X A Q U A R I U M K I P A G
M V F Q A R I Y E Z D R A H C R O S D U
G J U A X Y I T A N L N U P Y L N S T F
T Y J D R A H C R P O H S T F I G A C Q
D W W E S M J E S U T V W X A F W L O Q
B F R I P G I F T S H O E Z D N X C I N
```

REPTILES

WORD LIST

COBRA
BOA CONSTRICTOR
CROCODILE
ALLIGATOR
GILA MONSTER
SEA TURTLE
VIPER
SNAPPING TURTLE
TORTOISE

MONITOR
SKINK
MAMBA
BASILISK
LOGGERHEAD TURTLE
RATTLESNAKE
GHARIAL
THORNY DEVIL
KOMODO DRAGON

While not all reptiles can camouflage themselves in the real world, these cold-blooded creatures have done a pretty good job of hiding in this puzzle. See if you can find them all!

```
F G G K G H A R I A N S E L T T A R S E
K B K I D Q C C C Z W C Y K P E O S Y C
S O Q R L L G N I P P A N S E G G O L Y
F D M Y D A E H R E G G O L T Y K X I V
Y W X O M R B O A C O N S T R I C T O R
Y S I M D E T H C R O C O D I L E Q O W
O E L O L O G N K N I K S A I K J T M L
Q A I N E L D Y B X V A I V F B I H J C
D T V I P E R R W F B O L V T N L H S E
U U E T K B A B A M B D O J O R A E K E
T R D O B N I L A G Y E W M R A M N I S
M T Y J R F F M L N O C A N T U O Y N I
A L N W D N L K R I E N T C O T N K E O
M E R O A Y G O U K G L V C I I S G S T
B M O P V F H J C N M A Z N H B T W E R
O D H Z M T L H K C R N T S E O E O G O
B E T E H N U U M Z O T X O U K R P R T
R R T B A S I L I S K B D Z R H M Q Z S
N M Z I C H Y E Q O P I R S M C A N X H
L V E K E K A N S E L T T A R I Y U I G
```

ANSWERS ON PAGE 122

GREEK
MYTHOLOGY

How many of these Greek gods, goddesses, and other terms from Greek mythology have you heard of?

ANSWERS ON PAGE 122

WORD LIST

ZEUS god of the sky

HERA goddess of marriage

HADES god of the underworld

ATHENA goddess of wisdom, war, useful arts

APOLLO god of music, poetry, and medicine

ARTEMIS goddess of the moon and the hunt

NIKE goddess of victory

NEMESIS goddess of revenge

HECATE goddess of magic and ghosts

DEMETER goddess of the harvest

SIRENS half-birds, half-maidens, with beautiful voices

CERBERUS multi-headed dog

AMAZON women warriors

HERMES the super-speedy messenger god

HESTIA goddess of the hearth

CYCLOPS incredibly large, very strong one-eyed being

HEPHAISTOS god of fire and metalworking

MOUNT OLYMPUS Home of the Olympian gods

```
Y O R B X U O R G S A C Z N X T S M M L
V L H J C P F L C U O L Y M P U S X D Z
Z C K M H H A N X P S X R C G Q L L I E
B E N K A E B P A M A Z O R L G B R T D
V R U X D R D F O Y Q K C T F O X I G B
O B J Y E M T X T L S Z A U Y J P I N O
L E V K S E V E A O C E R B E R U S E I
L P O H R S C K E T S K E J Q U O O O S
O U X Z E G W X K N H W H W K T V K Y U
P S Y B V P P M I U M E H D S C D R D E
A I T S E H H V N O S E N I G B T E B Z
T R Y X C Q K A O M S W A A B T N T W P
R E L U C E V E I O M I D K H W O E G A
V N G S D C Z F B S H A S C A A Z M B N
T S G W F D T W M P T P Y E R R A E L E
D W S L Y N I R E A P O L L M T M D V T
I E C D E E N H F R T D S D A E A M N A
S Z V R C E Z Y D P W T C E M M N F P C
D O I W J I E C Y V T L M M D I E S J E
P S V H L L M U T I I T S E H S O F Z H
```

MAKE YOUR OWN WORD SEARCH!

Congratulations! You've reached the last puzzle! Now it's time to put all that you have learned together and create your own word search!

Instructions: Think of a theme that has meaning to you. It could be horse breeds, ice cream flavors, or baseball teams. Write down 10 examples in the spaces on the next page. Make sure each word is 10 letters or less. After you have your words, begin to enter them into the puzzle using a pencil with an eraser.

While some of your words will go forward, others can go backward. And remember they can be horizontal, vertical, or diagonal!

Once all of your words are in the grid, add other letters until all of the spots are filled in. This can get tough! When you are done, make copies of this page and to see if your friends and family can solve your word search.

Good luck and **have fun!**

PUZZLE NAME:

CREATED BY:

What your puzzle is about:

WORD LIST

1. _____   6. _____

2. _____   7. _____

3. _____   8. _____

4. _____   9. _____

5. _____   10. _____

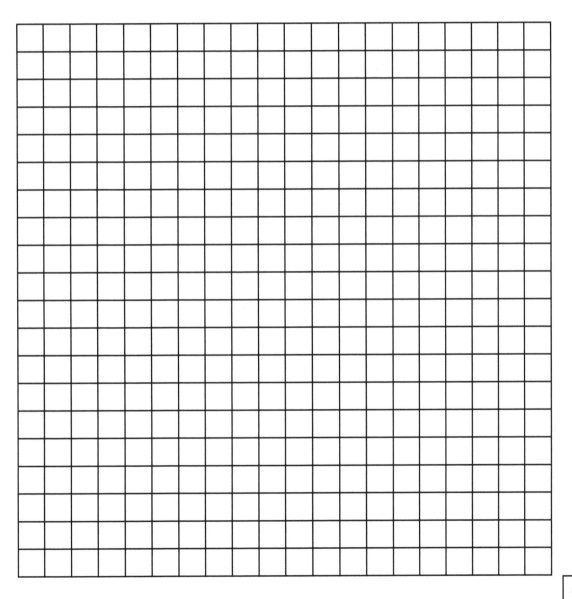

ANSWERS

PAGE 8

```
P S S Z G F O R T N I T E S
G O P C H E A T C O D E B U
M A K M A D D E R O D P F P
Y Z M E A N G R Y B I R D S
S U P E R S M A S H B R O S
Y L E D O M I N E C R A F T
F D X W U V Y P O K E M O N
E A S T E R E G G S N O O T
R B O W S E R R R Z U Z R I
G A M I N G L I T C H I N G
C O N T R O L L E R O P I S
F R S G X P K Z E L D A T Y
U H C E R C U O D L I I E X
I N I G M A D D E N B L G J
```

PAGE 9

```
S B M H O N O L U L U X U T R
A I B A T O N R R A A C K A I
I S A I N T P A U L U O S L C
N M T S O G M N A B S L A L H
T A O A K M E S U A T U C A M
P R N S L A A J S N I M R H O
E K R L A L D D T S N B A A N
T W O B H B A E I B J I M S D
E T U I O A O H N S O A E K K
R R G S M N J S A V O S N F B
S E E M A Y M I T S E N T X O
S N I A C W M A D I S O O O S
K T W R I C H D E N V E R O T
K D G C T C O L U M B I E W O
P K C K Y Z T R T R E N T O N
```

PAGE 10

```
T R A N S Y L V A N I A E I K
U U G L Y D O L L S C N U D U
O N I A H U F W N T E G W E N
K D D N A N G R Y B I R D S G
U E T E C Y G E O Z H Y L P F
N R T R R R R C A Z R B I I U
G P U H A P E K T L E I O C P
F A O Z E N A D Z O K N N A A
U N H 4 A L S N I Q Y U K B N
P T J S H R E K T B X S I L D
I C E A G E B G R S L R N E A
T H E L E G O M O V I E G M B
T O Y S T O R Y 4 M U O S E M
D K 4 P I N O C C H I O X 4 N
Z W R E C K I T R A L P H T G
```

PAGE 11

```
L S A B A P E P P E R M I N T
M T M G U M B A L L R A R O A
P E A N U T B R I T T L E U G
Z C L C O M T G C O A T C G U
B Z T N L C M E O F O F S A M
J U B N O A H Y R F T A F T B
N W A E L R R O I S W L F Y E
O E L T L A B B C T C L M T A
U T L P I M S E E O D O S K R
G O S T P E A A A F L X T P S
A F L Q O L W R V F Y A L C W
M F S R P F F S S E R C T L H
C E G U M M Y B E A R S A E P
F E S C H O C A N D Y C A N E
P J M A R S H M A L L O W D E
```

ANSWERS

PAGE 12

```
Z F O O T B A L G T C F H M
N C I E P Z R C U R L I N G
V L R G H H C H X I C F A E
Y S U I U R O S K I I N G R
U A G S C R J C D A W W J F
T R B W Y K E U K T A R V O
R C B I C M E S D E X E F O
I H Q M L Y D T K O Y S E T
A E J M I S C I B A C T N B
T R I I N K K L V L T L C A
H Y V N G S T I I I W I I L
L R U G B Y P T N G N N N L
O W R E S T L E N G R G G G
N K U C G Y M N A S T I C S
```

PAGE 13

```
F I P L I H C D V J C Q S P
N N R A L L I A N C E U E H
C D Q U E E V S Q H P E L M
U E D F P E I F T Q U E P R
L P O L I T I C S O T N E E
T E T Y N U L Q E T R S L V
U N E L E C T I O R A Y E O
R D E M O C R A C Y D N C L
E E A L P R E S I D E N T U
B N V P R I S I V E N T I T
D C M O P V R C I Y C R O I
R E V O I N V E N T I O N O
B G E O G R A P H Y T V R N
F U C I V I L I Z A T I O N
```

PAGE 14

```
P Z M P O M P A D P O N Y A
R O C G I M H V F I B O P L
F D N E O G F B W R B L P D
F R M C D R E A D L O C K S
L E O R H B G L D Q B F M I
A A H E F E U D A K O R O P
T D A W L E C Z F A D E H O
O L W C A H A M Z R M N A M
P U K U T I E C R E W C W P
P E B T T V T O N J L H B A
O K E B O E Y M U L L E T D
E K K U P I G T A I L S E O
W F P Z L T F G G N E J M U
Z H V S G K J D C H T L M R
```

PAGE 15

```
W X B A Z K A B A N K H S S
P E O G R Y F F I N D O R L
S S A R A V Q N F R O G Q Y
H V N S E Z X U W J N W U T
D U O A L H K R I D L A I H
X U F L P E A A Z D Q R D E
D I M F D E Y G A V U T D R
D U M B L E D O R E I S I I
U J A C L E M U D I D B T N
R I L Z X E P O R L D U C A
S B F Q D Z D U R S I F H Y
L W O Z A R D O F T L N S M
E G Y M A L F O R F C E L P
Y L R F R A V E N C L A W H
```

ANSWERS

PAGE 16

```
W T J V D A N C E M O V E S M
K Z A I U W H S I T T N A U I
P Q D L T S A O S H F Y P J C
O V A T E T X L T U B M P U D
L I P S Y N C D H P I S L G R
S O L D O U T O I B P P A G O
G M R E H E A R S A L O U L J
S I D D F N X Q T U S T S I I
T C I G I V R A H D I L E N T
E D R N E R N R I I N I Z G T
M R E E V F E T N E G G D V E
Q O C C P U P C G N I H N V E
X P T I J V D V O C N T S B S
P B O V A T I O N E G R F J F
M K R N A U D I E M C E T Y W
```

PAGE 17

```
J A C Z Q B L A C K W B D O
T U V A O C N S L A R L E V
S I S E P S T O R M S A S M
F C B T N S P I D E R C P F
L A A B I G C J C D J K I L
A P T R A C E A V K A W D A
S T W R L T E R R M S I E S
H A O A P E W L S E A D R C
N I C K F U R O E R W O M A
X N A S U P E R M A N W A R
L A N T E R M P Y A G B N L
W O N D E R W O M A N U U E
N L A N T E R N Z S G I E T
W X N I C K F U R Y Q R Z E
```

PAGE 18

```
S # J K # # V H # C S O # G
E C R R S # # J P E U U W #
# L U E U Y C G H Z M S E N
H T F E M O Z # O D M # E O
V B B I M O M C T A E L K F
# C U T E # O A O D L O # I
G O Y # R G C T O # # S R L
# H A P P Y S A F S M # E T
Z Y W Z P # U I T E # O P E
Y K O # V N M F H L G S O R
# D # L O L M E E F I E S D
A E D O O G E # D I A F T J
L T T V B Q R K A E L L E F
# W E E K E N D Y S # C R N
```

PAGE 19

```
M B T J C U W L E O A X E U
L M U M O V E E R S T U D D
G V C K N K J L U N C H W R
X I P O V T E F W A L K A O
S D S K N S N A C K N C L P
Q E M O R V P A R K D W L P
Y O U P S T E X M O V W B E
N G K H A P E R L A U G H D
C A R A T R Y X S S L N S O
D M O V I E S N M A T L D F
N E U T O V T T E X T U H F
V I D E O G A M E S M I D U
E D P R O J E C T E A M O Y
R O I H O I L U N C O P M N
```

ANSWERS

PAGE 20

```
M R V Y H N C R F J L P H S
C O E O X K L E E Y J W D T
L O N H L Y U H E W X A A U
D R A W E U V E D A A T N D
V T P A W A N A P S R C V Y
O R A L D P R R E N J H C B
L I S K A V R S T A K T W H
U D N H E Y X A A C P V L D
N E A O E A A E C K L I P V
T B C M A A B G G T P U E I
E I F E E D P U A I I R B W
E K T M D G R Y S M O C N K
R E H E A R S A L E E D E P
V O L U N H O M E W O R K K
```

PAGE 21

```
W O R S T C A K E B O S S A
V Z T S U G A R R U S H U M
I R O N C H E F U R I C G E
C U P C A K E W A R S V A R
K K C M T H R O W D O W N I
P A H A A M E R I C A S O C
K N E N M N M S P Q G C S A
I A F V M A S T E R C H E F
T I S S T I P C H O P P E D
C L T F X L T O P C H C F D
H E A O A E I O I L L A P P
A D B O D D X K I T C H E N
N I L D X M A S T E R E T S
M T E E N I G H T M A R E S
```

PAGE 22

```
C T M L W W P V G B J V Y E
S V B F A H A T F C E U A I
T T S A T O P T W S W A R W
I W C B E T E B E T E S D M
C C R R R G R E O E L B S S
K L A I C L M A N N R S C E
E A P C O U A D P C Y T I P
F A B R L E C H C I G I S G
E O O O R U E E A S I K O I
L M K M S N A Y G Y T E R T
T P I P E C L E A N E R S T
R O N O S C I S S R R S G E
C A G M A T N R B Z N H W R
```

PAGE 23

```
U C L E E W J M F J J W O T
T H E A C M A C A R O N I T
Y E K R S H G F U E R E A Y
M E P T E A O J F P H V C N
X S U I F A G C Y L C Y U U
L E D J Z Y L C O A E A P G
A B D V W Z L R A L D S C G
S U I U L B A C O N A R A E
A R N I C E C R E A M T K T
G G S T R A W B E R R I E S
N E P O T A T O C H I P S S
A R Y H P U D D I N G Q M R
K P E A N U T B U T T E R F
P H E U U M A C A R O N E A
```

ANSWERS

PAGE 24

```
A W A S A B E C S X M R E J
L V W O D H X S S E S W Y E
V A O Y R E D S N A P P E R
W L C C L T F O R N I L L G
A V O C A D O L C U C U L I
S O Y S A U C E S A L M O N
A A N S P I C Y T U N A W G
B T M C R A B S T I C K T E
I R E C A L I F O R N I A K
Z P R M C U C U M B M R I P
J R X I P T M X R I R P L E
V L C U C U M B E R P C U U
J G I N G E R S E A W E E D
O H B F U C R A B S T I C Q
```

PAGE 25

```
M A T C H S O C K S W E E P
D L M O W L A W C E M G Z G
M L U B R M I Q D T A A W W
M O W L A W N S R T K R E A
G W D I S H W L Y A E B B L
V A C U U M O V D B B A Q K
L N R Z S D H Y I L E G G T
A C K B U T S C S E D L N H
U E V M A D I S H W A S H E
N N S P O G N A E G A Z L D
D M Q W A W E C S N H O U O
R Q M O P F L O O R S Q A G
Y A D I S H W A S H E R A O
O R G A N I Z E W A L K T H
```

PAGE 26

```
H O M E W O R N R L W B D Z
W P F O R E A D I N G Y E R
M O S I C L U N C H T I M E
E P R E P O R T C A R D A P
H Q M E L A N G U A G E T O
O U U L C S X K Y M G K H R
M I S C I E N C E M S P E T
E Z I P M B S Z L V Y M L C
W S C D A D R S V A D Q I A
O T W R T S M A E M N N B R
R H E M E D I A R O K G R M
K P E S S V M A T Y G X U G
C S A R T P R O J E C T R Y
R E C E M S C E N V F S Y N
```

PAGE 27

```
A S P H I N X K W Z M P J U
P R E D A T C S O W I R M R
C B C A M O U F L A G E W O
G U A V L A T A K S W D U P
D H T T H F T H A T O A S L
E C O T F P L O T O L T C A
A Z A S L A E R Y N F O R T
D P D Z T E C S D E S R E U
L L L X Q M F E I F P S E S
E E A D L E A I D I I P C G
A S U G C Y Q N S S D H H E
F A C E D A E F T H E I O C
C H A M E L E O N I R N W K
D N H E S E A H O R S E L O
```

ANSWERS

PAGE 28

```
G B R E C Y C L I N G D R I V E G
N E H C T I K P U O S E E S E D R
G A X Q K K B N P Q S V S W M U E
N R G O K C F W L I U O T E O F E
C K E Q M A O N A K B E A C H O T
K C I E S E O R N J F N U E T O I
A A Y N T K D I T V I N W X S D N
P P E L D N R N T M W I V T E D G
K K N Q U N I R A A I P K R R R C
C C Q F A V O L N T F L R A O I A
A A A B L N S T U O M A D C O V R
B B F P K H E H E H N N J H G E D
H L N I E D S E E R T T N A L P C
Y G K L T O L S V R Z T Y N I X U
M Q T O T I B Y F O Z R Q G V Z Y
U E Y W M E A L D E L I V E R Y Y
R S O U P E G A K C A P E R A C W
```

PAGE 29

```
V F Y T B P A P E R J U M J B
S S O E Z Y O S H I Z A W A U
W U S C N C W L M H R U O R T
A R H H D I N O S A U R R K T
N P I N U J A P A N V U I P E
S O Z Q O R I G A B R S G B R
M O U N T A I N F O L D A U F
U F T E C H N I Q U E M M X L
W L J X R O I G V C D W E N Y
F O A Q A M R S V S K I L M X
L W P E N B G I H Y F D C U S
O E A C R A F T G A O P B H K
W R T E C H N A D A P S L H I
E C R A N E Q U E X M E H R L
K V A L L E Y F O L D I S A L
```

PAGE 30

```
U N T C H F O I N R B C X P
S C Z A L U M I N U M R M W
O C A R D B O A R D M E T R
R O F D E O A M R E D U C E
T L K B D U I G R C W C V C
I L P O P B S I V O A E T Y
N E A A T L O E I M S R B C
G C P R A N A A M M T Z D L
L T E B E S D S E U E W U B
A I R R H F T Z T N B A G S
S O S W C O N T A I N E R S
S N A Z A B R V L T C G V R
R E C Y C L E C U Y H L E R
D H Z H P B Y C G L A S H P
```

PAGE 31

```
E H L J B L A C K H O L E C
L X M I L K Y W A Y C A X O
I N P O G I U S J B O A P N
G O E L O H F S T A R S L S
H R P B O N T A M B E T O T
T U V L U R N S T A R E R E
S S L I A L A S P S C R A L
P T F K T N A T I E M O T L
E A O C O M E T I S E I I A
E G A L A X Y T U O Y D O T
C O M E M O O N S F N S I I
S O L A R S Y S T E M L U O
T H R R U N I V E R S E M N
P G R A V I T Y F Z G U J P
```

PAGE 32

```
I D B B P O T T E R G Y B K Z T L
T F S L H E K I B A G N I D I R W
G V M P O T T E R Y H N N I K A B
N S M K T G N I K O O B P A R C S
I E Z A O E G A X R A G G B F N J
T M D R G N I T I R W N X S L M S
C A C R R I P C U U I I R L N S W
E G K W A T C N I D P K O N B K N
L O K R P G V T R H R A C A K C X
L E H F H N A A R E T B R L E I A
O D W I Y C O W O I B I C R O R R
C I V X K B E D O T C K O U O T T
K V T M E I M O O R V K L O F U F
C I I T V X N A H P G T S K H I R
O M A L S U S G F H M Q E R N G S
R K E R E T T O P R U A C A B A T
S Y R O C K A Y A K I N G P Q M Z
```

PAGE 33

```
B O R E D O D R E P L E Y D A
L Y T J X X A P C O E X I S T
O R B T D Q N X E G K P C Q D
S V M O L E C U L E O E C K A
T W E M R L U N R E A L S Q N
M F N R M E X H E L P F U L C
A A A K S L D F D S E K B O I
U Q C S Y L Q O A U U B T V N
D U U T T M E R M B K I R E G
W A U A R E A E I T Y G A R J
W R N Z R E N C S R L G C S E
W I R C N I S A P A T E T L X
K U E H I M U S U B T R A E T
V M O L E N W T I T Z G B E E
Y N L M I S P R I N T X L P L
```

PAGE 34

```
T B J O V B G P Q Y A A Q G X
L A D I R H N F C B U R J W W
S H U X J D S H O R T E N G R
X B G T S O I J U A H G H S O
P B C A H U F N R V O I O V N
N Q S S B O L H A E R L R B G
S U M I M B C P G R C A T A A
R I A U L A R L E Y Y R E O E
K E R H Q E L E E A K E N R E
V T G W R O N L V V Z C K D V
I I V U M N Q T U I E T Y I W
Q N D X L T U V L H A R W N E
B N R E G A L A R B X T X E T
B Y W Q S O E Z W R I T E R F
W D P R M S S M A R T I N Y R
```

PAGE 35

```
F M O D H D Q J L L C W G W L
Z J X E C C P T I J P R P O B
Q M R R F U L L A M F O H M T
T I E Z N W E A K M O N R M A
R N M A T E M P T Y R G I A N
U I E N R S U E J E G Z G X S
T M M S R L T E M E E R H I W
H U Q W E R Y R K P T I E M R
M M Q U M U M W O A T G R U R
S P U R E S B O F N E H U M T
G C H H M S M H C S G T N F C
J S B R B G T L O W M I P X B
Z O U N E C E I M E H W K O S
B O S N R D G E O R W E M H Z
G L E N U Y G K N N U B B P Y
```

ANSWERS

PAGE 36

```
P E H Q M R V I T R U V I U S
B U M Q T M E T A L B E A N D
E N B M I F T I A Z T A C I B
N I V E E L U C Y G A Q X K U
N K Q T A T E M M E R R O I I
Y I Q A K R A G L E S A C T L
E T K L W M E T A L B E A R D
W T W B D E B A T M A N R H E
Y Y J E F M S C J G T C R W R
L Q C A R D I O C A R R I E S
D T H E L E G O M O V I E Z P
S O T D V I J J C E H R H G P
T O O L O R D B U S I N E S S
W Y L D S T Y L E T Y A F Y B
S Y B C J B U I L D E P S E L
```

PAGE 37

```
B S Z F R E S K Q A G Z Z F F
T C L L G A G L O W L W M P L
H O D I S Q U I S H O C W A S
U L O M M L V T G H W C P R T
F O I M E N I A B R I G H T I
M R T E L S R M N A N N F Y C
A C U O J Y S M F L B H R E Y Y
C I L U L S S R S B H E S T B I
Z O R Y O M Q V W M D Q W P Z
I K S V Y R E U F N A U E R M
R L E Q F H F L I L R E V A A
B E L P U G L U E S K E U N H
Z V F O S S H I L Y T Z K K G
G L I T T R R E C I P E G S Z
```

PAGE 38

```
Y Q W B I G B E E N T Z S G J
G T F H O L L Y W O O D T R J
H E A Y S K N S E A W L O E M
O T A J M A H A L C E G W A A
L R S S M C V U Q R R O E T C
L B M T T T I G P O O L R W H
Y I F A O E R I I P F D O H U
W G B K C N R E N O P E F I P
O B R E E H E A V L I N P Y I
T E J N R I V H Y I S G I Z A
R N O S V T F P E S X A S P H
E V P E B Q Y F I N L T A E U
V R U S H M O R E C G E M O B
A G R E A T W A L L H E T X B
H K B I V P C J E Y O U L K Z
```

PAGE 39

```
M U J P A H J K B D C W C A U Q N
W E U Q E J I F O K R O W E M O H
Y W H M Z S Z D Z P E S T E D T S
L D Y T N I T S E B F A H I I R R
H D S R K M Q P X A B O I I S J X
I I N D I N N E R E N B D P A I O
D S Y B Z G A C D J L D E T G V M
E A O E G R I R X C N A S H R X L
A G J I G S A W P U Z Z L E E C A
N R O V M R E B U X A N I R E A U
D Y M O Q F U N N Y V I D E O K G
S Z X M F C Z L Y W R M W M I U H
E L T H E R E M O W K I N O F N Q
K G T P I L L O W F I G H T E L L
L L H A Y H C N H V B N B E P T A
X S K D R C P E S T E R C D Q R E
A G U B B O A R D G A M E P V A P
```

ANSWERS

PAGE 40

```
N B M F J L F S A S J L S I V E M
J I L S W O N D E R S H O L E B B
U U K A R I U S S W W R I N K L E
B R M S C B L A C K B E A U T Y W
E I K A T K Y L C G M G Y I B R S
R I A X N L B T O B B O H B A Z E
F K L Y L J I C N W Z T H M W D T
U X S A E P I T O A S M O T U V T
D C J S R Z R Q S R P N L K Z L O
G I V I N G T R E E A R E B W I L
E Z U E K W R I N K L L S Q O T R
C G Q S Q K D I A B M P I H N H A
E E R C G N I V I G T L M N D O H
E G D U F R E P U S U G U U E B C
O T L E A N W O L L I W Y C R B E
P Q Q R H M N E M O W E L T T I L
R N M S R E S C U E R S C C Y T P
```

PAGE 41

```
J M U H C T E K H S A S B E R W Z
R O A S K E U L B B G R A C E T S
D N F B O N I E B I T E U J A L I
P R L N E W I Y Y A W G D Z L Q D
V T Y W H L D R F S N N E N E M M
E I P L S W A Y W H X A L S D L A
O M E Z F I N O Z K J R A U U A B
K M G R T R G D Y E O R I L A R E
C Y N I W E E M J T W E R M B R L
X J A A I N R T M C O W E L M O P
G D D D L V Z K T H A O S Y I C I
K Z N B I C Z Q D U R P T N U A N
Q A L S G H A F Y Z B O B X J T E
S V R H H M N R S D W R P A J N S
P J M E Z R A P G K V L A Y W O S
O K K R M F T W I L I G H T R I I
W K D A X A B Z P V K P H M S R R
```

PAGE 42

```
V J W F G I A N T P E A C H R A O
E W G W G O L D E N T E H M V R O
R K O C X K F X L Q L E A W G W Z
U T N N S G J B Z I H T R O G I J
C C Z O K T J A D C T X L O L T W
A T H F W A F O M J J A I O O C H
S E W A M L C S Q E A Z M M O H G
A K I F R O G R A S S H O P P E R
L C T O R L R X I B W X S A T S A
T I C C E O I Z G O L T L L Z C N
J T H A O L F E R R M K A O I T D
V N X A Z K F M B D P S S O U I H
W E P B O J W P H U A T U M Q W I
J D V C R O C O D I C C K A H O G
V L O B O W Z O U M F K L C E B H
P O F D T D F R D H L W E Z F T D
S G O O M P A L O O M P A T S S H
```

PAGE 43

```
N X D R M R E Y E C O N T A C T L
O E G H B E G I N N I N G O X C P
E B U T C Y N I D N E C O F Z U P
E G X A D E X K U Q O C Y R B E T
P P R E S E N T A T I O N L R W Z
B R R R O M U H Q V G E I S G E O
R E S B D M U V K F O C O N L C K
E P N P R A C T E C S N O C O A C
S A O E D Y V C Z P A I G M S T I
X R I E G V I H E L T I L R S N T
O E S D Y T K A I N J G O O O O C
I P S K C A K T E Z D R S Y P C A
X E E A H U Y T D V R I S E H E R
R R R J N K T P B I C R N C O Y P
S P P G R A L Q M W T A P G B E F
F P X G N A A E W Y J C H N I M B
O Z E M I D D L E L M U O T A J L
```

ANSWERS

PAGE 44

```
T H E L O N G H A U L A N R U O J
A N D U W I Q V H A W E S O M L A
T A E R I H S Y S Y A D G O D D R
T E T D M E L T D O W N O G B S T
Q L E Z P I S O C T R F G D O C S
S Q N P I T G A K B E O I L C H T
O U T V R K B Y Y R O A D A A O S
S K I A I I D L O P R S I R B O A
D P W I M P Y M E K C O E O I C L
W C O F E C T P P H S M Z D N C I
D C E I A S I H O M B X R R F G K
Q D C H E E S O M L V D N I E C A
E I G W H F L M Q Q O O P C V H V
V A X J R A K A W E S O M E E E D
G R E G H E F F L E Y O H F R E G
A Y C N D E T E N T I O N C U S P
V L Q B N W S G R R N P E P S E T
```

PAGE 45

```
K J C Z E X D A G A G Y D A L A L
B H P Z Z D E M I L O V A T O R A
S A A O K W S H K C N K H A L I D
M L N L S U H H I M H Q G P I N Y
Z S N K I T A Y L O R S W I F T G
D E K A L R E B M I T N I T S U J
S Y S T O L I P E N O Y T N E W T
U B D E J H B T J D R P H L X H H
O R L E D N A R G A N A I R A G L
D Q S R M N N L X G O E C N O Y A
K N A L V B E Y O N C E M D K R I
G K O Y L K L M C B E X R W I H I
E D S H E E R A N S F X X H Q S A
K A P Z X S I I V W A S A D R A N
S J J E B H X X P A A N Y I W R A
P O S T M A L O N E N H X T I O G
E A V A E N L F N A V H S Q U Q R
```

PAGE 46

```
U F O B L S D M F B M R Y B L B F
B P K X M Q P I E A S Y X U H A Z
G Z Z T R L P O M U S N D X B A M
S P T W D E Q S Q K A A H C E U I
B C I U F G C J H O X X N J T P T
C D O I Z U Z R Z F G G S P S M B
T F V T D W D N R E Z P C U L O E
R H I G U F K F X R Z U T C E V U
E E L B J S O L O Y I O O W S A W
Q F S X D C L A S A P S F K T W W
R A D A R U F O T Z Y N Z Q S F L
K A W O L B Y N E K V Q L T X C G
Q Q G W M A G E M K L T R D O J T
X X K C K O I R A F N B Y W C T T
N L Q I I B F F R B J M I O S I G
O V R S W N W C S M Z S J X U V F
D W N Z R Q N F E F J Q C O H R F
```

PAGE 47

```
G H A T K I N G K O N G Y K H R E
N A V Y R F W H S A O K F F E K Q
I R A P B J R C Y O O G R H T K D
K R T D S X B O N T U O T L J S B
N Y A W S J T I Z E Z N E O U S D
O P L Q E H E M X E A K D R R R L
I O O C C S R B N P D Y I D A A W
L T T S N A S E K T O J R O S W K
E T O W I F A C K N J C B F S R Z
H E Y J R U A V A T A R S T I A X
D R S S P L N Q T N S G S H C T K
L H T Q B O K K Q K W G E E C S Q
R O O S Y O T H O Z G K C R D N Q
I Y R O T S Y O T I T A N I C K Q
R E E G T H E L I O N K I N G W O
S O U N D O F M U S I C R G V X Z
B G E R U T U F O N H U P S Y C I
```

ANSWERS

PAGE 48

```
D O U B L E D A R E Y J G H S K Y
A B S U R V I V E R W C R G K N T
Q M Y V V V F E E I O B L O D I R
K V A V B Y H U N A R G A T B L A
E A Y Z O M A A U N L R M T S T P
E R J A I I J S T O D E A A U S O
P P E I U N C E R I O D Z L R E E
I B O G I A G E O L F A I E V K J
T C P N N F H R F L D R N N I A M
S N A Q F I I L F I A G G T V E A
P G R H P Y S R O M N H R V O W Z
O X D L F S Y D L E C T A X R O I
T R Y R A K Y N E Z E F C M Q Q N
L B R Q Y T P L E K F I E U F G G
E R M Z I Y T F H G S F K O F M R
S L R F E R N O W D P A Q T K L A
S C A S H C A B G V L T M V D Y C
```

PAGE 49

```
S A N N A K E N D R I C K P G N I
I C F S G O I M B C F B T A R L S
D W A Y N X M B A H E I D U J C P
A D W R F F Y A B A J O I L O H R
U D K K L Y Y J M D T Z E R Y R A
L A W E J E O I Q W L L G U D I T
R I A D N N T L X I D U O D O S T
Y S F N H Y R T N C A P L D R P R
B Y I E V Y A L F K I I U O X R D
R R N K N N V W O S S T P C F A O
A I A A P Z E N D A Y A E H B T C
D D F N T F E K E V I N H A R T Y
L L A N U L O G E I D Y U M A O O
E E P A C Q X C Q R A O E V D P V
Y Y S Z Z A K U N E B N J I L E C
X L U P I T A Y O N G G W N E F Y
J K J J D R X Z C S Y O J Z E V Q
```

PAGE 50

```
T J E N G A R G P G S G Q E Y U L
S W U Y Z B A T T L U S H Y P G Z
E Y I T P S O R R Y Q N M P K U D
T W V S R L C B L Y A O O L C Y B
T U X X T I O R N L N P J O A L H
L W J D W E V D A O E Z Y H N O P
E Q A C I V R I P R R Z T V D P B
R X P G S R E O A J L Z A S Y O I
S D O P T S E T T L E R S R L N V
O Q V D E V I H S E P C K F A O Z
F G N I D O L P X E V U T J E M D
C T C O N N E C T F O U R B M P I
A T W C F Z S B A T T L E S H I P
T Q A I A F E L B B A R C S U B T
A C H J S C H E C K E R S U L I N
N E C K E T S H Z W O K A M I W T
C M U C J D N A L Y D N A C L U E
```

PAGE 51

```
N R T I E O H O J F E O P T N A R
E U S L H T N A R A M A E I A M I
I B L T A V I C H A R T R E U S E
L R V H D S V H F Q P L R T S C A
A F I I B S M Z C E P Y Y K T O Y
R W R S W G A A R A L H W W R Q J
T B I T I O I R R M L F T X A U C
S B D L K N Y N C A I A N A L E V
U Q I E E W O L G O G K M J I L L
A S A T I S Q P R E L D A R A I E
S D N N S U U T E I R I I D M C T
J O K I P Y Z W V R Y L N N O O S
F L P U X Z D J J V E E I E E T I
E A G L A U C O U S I P Z N P U H
L L F H P C L A B R A D O R E W T
B G V L B M Q W Q I X D N N N L B D
J Z Y G L Q I P B M Q Z G V I F K
```

ANSWERS

PAGE 52

```
P L J P F F R E N C H F R I E S C
C O C A C O L D P O P C O R N S H
H G U O R H T E V I R D U C S I A
R S U P E R S I Z E Z T F O K F L
E W F O G N A K Z W K P L C C E O
W H O P P E R J G I K P O A I E O
E O J C H D Z Y K C W M M C T S P
K P B O R A Z Z I G B C R O S T A
K P B I P N K B L O F V N L D U B
R E F N G N G U M L V I Y A A N L
B B E G F M U E U W O A G T E O I
W K A Y K M A R H N P N H I R D Z
O V M C Z L R C R U E I F Z B Q Z
E B Y Y O Y R I L D Z I G Z E O A
F K Q C R N N A B A C O N A T O R
T D O N U G H H P F B K Y R P N D
T A C O S C D M B O C F O S B M E
```

PAGE 53

```
Y U G X A M O O R H T A B L Y W U
Y N G Y Y V L E B A T H R O O N A
O T Z Q G I T J U N K D R A W E R
U W H K M U F Y E N J F R M M Z K
R O C K P Y W A S H I N G P A N H
B L U M J G L F U D T O A S T E R
E G O H Y K I T C K E N A Y E H F
D C C M B G C L S T Q O N A C I
F I N I S H E D B A S E M E N T S
P Z D B F W Y M O O R G N I V I L
Z A W R K C E D R U O Y A F V K K
L D N B I B E D R O O M S V N J Q
V Z P T K V S E V L E H S K O O B
M E C G R X E K N U G M Q T Z R V
W B U B V Y C W G D R A Y K C A B
W A S H I N G M A C H I N E T X M
V H K C U O C H W Y O U R D E S K
```

PAGE 54

```
U E O A S I S P B W N R O S X S P
P C B U M I N E R A L S X P Q C F
G E M S T O N E S A R T H U L I E
W P E E S E N O V S M E A D I E Y
M L A M T U I A J Y H R M T M N H
C P R Y R A T N E M I D E S E C B
D I T P G Z L P F O S S I L S E M
I W H W Q O L S E T I R O E T E M
A V S P R V L S E D I M E N O A R
M H C L R S U O E N G I B A N Q C
O T I I A O G G E P I I L V U T R
N Q E J Q C M Y R G W S A A B W Y
D V N J B B B A E A E E R M V T S
I S C H G F I E T P N T E P O U T
K U E D Q D Q Q L E Z I V L Z N A
L I M E S T O N E S M J T H Y H L
X H E A R T H S C I E N S E F L S
```

PAGE 55

```
L A B O R A T O R Y Y V E O X J B
L E L B A T C I D O I R E P W I N
M M U M F L A S K M O J Z T O G O
Y J V A A R T I M X W M H L B T I
S L A G T G N S D O Y G O Z A G T
X T G N H O E E H G I G P E H E A
O W K E S F M H F S Y J S X M H C
A K C T C M E T D T I E G P T A I
A X J I H H R O M R T Y E E E H F
N H T C E I U P E E D R H R S P I
Z P W F M K S Y Y T A I A I T F S
U J Y I I J A H P T T Y J M T F S
J L V E S Z E T U A V E N E U X A
C M K L T I M R U M N J Y N B W L
B Z X D R T E N O J M H O T E Z C
D G O D Y V T E L E M E N T S R M
L E M E N T S R R E L U C E L O M
```

ANSWERS

PAGE 56

```
R V P O S T O F F I C Y Z P D K B
M M R L Y U D V Z T M R N J J K A
M L Z I A G J T G I F T S H O P S
A E I C F Y P O H S R E B R A B D
I R H B I T G O D H R U Q R U B V
N O S W R T Q R S Y S G T N W I G
S T T X E A Y L O T K M U E X N Z
T S L G H X R H O U E R E L Q R R
R Y I K O L M P A N N T A H H E N
E R B D U W A C T L F D S P S S O
E E R B S A O S D G L G F Z L T W
T C A F E T E L A H Y T I C H A T
B O R T R A I N S T A T I O N U K
F R Y E C I F F O T S O P N R R S
E G Y T N E M T R A P E D E C A L
C H O V B U S S T O R E U J E N X
P O L I C E D E P A R T M E N T U
```

PAGE 57

```
Z G V X E L A H W A G U L E B M P
F B L U E M A R L I N L E B S A B
S H A R K S E V O R G N A M S R W
K H R R R Z Z T D V B I S I H I E
A S T J C A X Z N P Z I V V A N T
C Y H U D E H C V I N U O W R E S
R E R C I W O V U A Z T C F K O E
U D O R U E E H G T M S D T D T R
S A P U Q B L R S G T P K O R T O
T E O S S V O T J E M L I V V E F
A H D T E O R D R N S O E R P R P
C R V A R R Y W Q U C R L F E T L
I E C C I G B T B T T C O L I S E
A M I E P N E L K Q K A I H U S K
N M H A M A P V N R E I E N W S H
A A A N A M K D I Q J W T S B L K
G H R C V J D Y A N E M O N E M A
```

PAGE 58

```
T U R K E N D F C C O L O S S U C
R Q W K A B A B Y L O N C M T E O
R A I R D N A X E L A S T O I L L
H G H T H O U S E H M A U S O L O
O D A H A N G I N G G A R D E N S
D F I O I R A Q U I J Y F C U N S
E F P M T C T W E C E E R G N N U
S G M K A H D E K C J K T C P G S
D O Y U K R R A M A X R R P Y O L
E K L P L Y Y M I I W U M P R N B
S B O K T E M P L E S T T H C S X
P Y T V L I G H T H O U S E F V O
U W A Q Q X I C H A Q B A D E E D
L K S Q M A U S O L E U M Z Q L D
T L U S B T Z K Z G G R V Y I F Z
J T E S T E M P L Y K P G E I G I
V D Z C S N Z M A I R D N A X E L
```

PAGE 59

```
H J W M T B J A R T H I S T O R Y
I G N I T N U O C C A M J Y Y J G B
I W S S Y E V N J C S K H F O F R
O E C O N O M I U I I K O L U B O
X I L R M O R R L R P S O P R E A
H R T C W L I A S R S H U D N O D
Z O Y N M M N T N M C I C M A S C
E S T B O R A R A Y U Y N J L Z A
V L S I U I L O S C E O K G I Y S
I D Z O B X T P V O I C S U S L T
T I J L C B K A F J C N N O T R I
A I F O A I H E C V F I U A C E N
E H Q G Z H A W Z U C L A M N I G
R C K Y W K P W I B D C M L M I A
C O M P U T E R S C I E N C E O F
H M A R K E T I N G G M I K L O C
Y A L E S J S C I M O N O C E L W
```

ANSWERS

PAGE 60

```
D U X P P Z R B A H C A R I R S H
C W W T P E A N U T B U T T E R A
K D W V B W P V W G S A O Z M S Z
L P I B Q P A P C H O C O L A T E
G C O C O N U T E L L Q H L B H L
M S U Z I L C D L R T T T A U J N
R I N L I L I M E H M E U S B H U
L R L M O O N W M H D I N A B G T
J A L A P E N O A A C R N L L U E
V C A R S Z A B R E A N L T E O Y
G H Z I F V M E A T R I A E G D S
K A H S A H O S C N A Y J R U E O
I I K N V Q N D E M W X C M I H
I N I H H O H Z E E E R M A E K X
N L U O M J O V T R L E M O N O O
L W B X I C M X L G L U W H D O O
Q M L E M A R A C D E T L A S C B
```

PAGE 61

```
M F G N I D D O M U L O A G Y S K
K X S C G N I C N E U Q E S D W X
C O M P U T E R S C I E N C E R H
O K B O M F Q G O D J B X A G B R
M U S C I T O B O R F R J L A J T
M Z S I D G W W I T X D V G U T I
A T D N S N R E T T A P N O G S N
N H Y A O S N Y B J X I I R N Q J
J G R A T I C Q U D M I F I A D M
T D N T W A T R P M E X B T L W S
R H O E N U U C A X X S A H U P R
J G H R V P B R U T W B I I O A O
M H T I R O G L A R C O L G N G B
C G Y V E O R L D G T H Q A N V O
X M P H R C H J A V A S C R I P T
F V X P P G G S P X B C N C I Z I
W A A D N A M M O C X T N I E U C
```

PAGE 62

```
T N E M H S I R U O N S F R V I P
S N O J S Q S E I R R E B V M R E
F O W U P T D G K Y V T O W P M W
A L H D R D N X Y I Q A F G R S L
R F O O D I P E T I O R G E O N E
M H L N M A S A D Q M D W T T P A
E A E O R E M H V I E Y Z A E E F
R V G I V I M U M O X H P B E D Y
S E R T N P N A N E N O C L N U G
M G A A I V F Z D Q N B I E A W R
A E I R E C I L S E E R F T J T E
R T N E T A M O D E R A T E N N E
K A S D O Z S U A J T C A U U A N
E B G O R E A D I N G L A B E L S
T L R M P D Q G F Y J G E U A P I
K E A S P U O R G D O O F R U I T
I S I D J Q W J A C K H F Y G Y R
```

PAGE 63

```
W A R D R O B E E C W B D S O Z A
V E Q U Q T W H I T E W I T C H P
I Z N Z G E C A D N O I L B K Q W
T K T R H D L A D G C Y W I L U N
N I I Q N M Q U E E N U N H U E U
E A Y N A U D C C D V G Q R U E P
C T S N G N R R S Y S L P F A N E
I J Y O O D V I Q U E E N S C U V
F M H J D T O F W T A A L R R F E
I N L B G H X M D S Z A I N R A N
N U E E N E K Z L H N O Q S O O S
G N I K I J I U X D W E O U D L I
A Z I I K U N W N Q V Q X N U Y E
M G L X B S G V P N C H O M H V H
R N I A C T Z R L P Y L O U X X R
T U R K I S H D E L I G H T O Q C
O E L T N E G E H T N A S U S M X
```

ANSWERS

PAGE 64

```
S I Y S X K O F E T U O G V S H I
U M R R V D N M X U K V N K Z L H
H R A D N E L A C U T I L Q C G N
L Z C R L Y I T Y D L X U V A S C
B T M R T C N S T E A C H E R P L
P O D V M B E P O A C Q D Z M R O
A K O A C I C I G J B R I V U C C
Z D P K L Y L I M K A L E K L L K
F S E P C R A E Z O D T E V C O O
T D P S Z A S L B O J E A T O C O
U U W A K U S T O B S X E P M T B
S P D L R H R E K E V T B G P K T
U T J E S A O U Y T G B W E U T X
W P O L M Y O W X O J O Q I T P E
E I D S L R M S V N Z O F V E E T
A G L Q S R O S S I C S C N R C Z
B A C K P A C K S H K K S S S U U
```

PAGE 65

```
C N E S A B O G N O C L M A K I A
Y G X Q U J F V Q O A K D L Q E J
W Y U Q U N D E R S T O R Y N C N
E M P E R A T E A T Y E R I R O U
Q O P U E R T O R I C O U H I N Q
U L R A J H Y O C T R G Z T H G Y
A X R M H P O U R B W Z A X Y O N
Z M Y A T L F P X E K T B Y L B O
O M F Z F E J P N B S X Z A C A I
W T O O C R C C P E A Z A D I S H
R R I N Q N A O R A C I R A T I O
U O M K S N W O S E M E R G E N T
O P Q D O O F L G Y H L V J M T O
L I G P Q E O E I D S X J S S N O
F C Y V D B O N A U S T R A L I A
B A S X T E M P E R A T E Z T E N
L L A C I R A T S O C H O M P E U
```

PAGE 66

```
A G G F A L B H C A H B L O T K H
E D N M E M O H E E E W S P D G F
M H I I E Y O U F X K D J E K C R
I X C X K C J R Y S A U S T O S C
X O I E O A O Z C K C S K A F G D
E Z C L K S O R C A E H L K R G R
R B A U T P E X T R P L S E H E H
P T G I B C B L T J I B C O D J E
E P N R O C U R K N P I E V G X D
U G I G Q U Z H A N P R E U V J A
X E T C I P S V D E I L P M K Y M
Z U S X F C I Y L Z V R P I W W E
R E C T T A U L T E H E P Q G S M
Z K R S R K G I T R E C Z S U W O
A B U T T E R C R E A M K D D E H
J U C P A R T S W R A P P E R E E
Y P T M W D W S E I Q G M E T T Y
```

PAGE 67

```
A E Q S T K U J G F Q D N E I R F
W O M T S W U R S O Q R S H N U Q
Y P M A A J V Y T O O K W F L M A
A J E R G M Y O X J K D D I U U X
Q Z D H H A X V E W M M B M W B L
O I I R T S Y N C A X I C O I R I
E A T D A O T A O L X T Z C O B S
N Y A P E M E V L Z A H R H D K T
I W T Y R E G U O P U N I C G Y E
L U I P B O U N R G I P R N E F N
O G O J P N R F O E M L Z U V X T
P S N U E E B C O I E A A G O Y O
M Q C H E A T R K P D Y C M B J M
A V I J D D E D U E I A Y O G I U
R Y H N P I Q X N N T G B T P A S
T A K E A N A P H F A A U M V W I
Z M O T K Y R B O G T M S O W V C
```

ANSWERS

PAGE 68

```
D R A W K W A H C D A N Q H W Z M P P U
Q D H U D B O N E V I L L L M Y I J H I
X G H U G W J D S X J X Y N N F X S B X
M A E L O Y E U B S A F J Y Q S K B C N
O M B T O N X H V K M A T Y E S Q E P J
N P A H A G D E P O A I E U R N C D X R
Q E M M S W T R R J R Z L Z E E N Y A G
C O E V U L A Y Q O C T U E P H P I T O
R D Z A A L Z Y J H H R M K M M N L K H
F K O N R K E A O N L L A V U A T U P O
X X A G X A Y C H L H S U L J P B C G G
S G O O M L E Q N E U X U C M D J C I P
E B O F Z A V S L W E C T V A D W A P I
Y Z B F G L K F E I I L P N E S A S H O
I W Z P A S F R W S F W D H R C I A Q S
Y K U O H E L L I V E N O B D G S Z M X
L U Z A J S D S S V E V G J F F E I P V
L Q L E Z L O L R A I N M Z N C L V T P
Z B A X N J N A E G O D A N N E J V V M
E F A E D L E B M H P X N Y Z R U F A E
```

PAGE 69

```
I L C E S R U O C E H T R O F R A P P G
B Q O L L A B E H T N O E Y E I I Y F J
Z A K W E R E R A P T H T F O T U O I Q
S E L T B A T T I N G A T H O U S A N D
A L R L W O R Q O V M E N N U Q A E I O
V H O I I P U E D E F K I D T U V N S U
E V A W W S O T D U T I P H O Y E R H T
D B A O B E I F O T H H N D F T D C L O
B A W L Q L H N F F H O E I Y U B Y I F
Y T J B S Y O T Y A T A Y L S G Y F N Y
T T Q W A U H C O O N H T K I H T H G O
H I R O V C S M K T U D E H P G L L T U
E N I L E H T E O T N R R P U G E I M R
B G C F D H Z U Q S C W C U A R F N N L
E A R R B T C L Q G D E O O N R D W Q E
L T H A T W A S A S L A M D U N K L O A
L H E H T Y B D E V A S G Y K R I B E G
T O G J R F I N I S H L I N K L T N Q U
D U Y W N V T H R E E S T R I K E S G E
I S R L I E S E P A S S T H E B A T O N
```

PAGE 70

```
X P D I V H K W B J H F D R Z I T N G O
U O R F M Z S T H N Q J T J N A T F E M
N T T I S M L A B Q L V W U I P C Q M V
Q K E Q V N O V F I Y I M R Y T E F A S
U S R N Z A R P B E P M R B X G G Q I S
L E K J J G T D R A O B Y E K A L C L Q
O D Y C P T N Y R G G I L I A M E H I F
G P D R A R O F U L N U A C I E O L N P
I E O H R A C Z O J I M O O K N E W E W
D M R F E C L O O I L K D E F G B K D D
M G S R N K A Z S E I T I N U M M O C J
L U T E T P T L L Z A H E Q M K G P C Z
C S I T C A N M G P M O Z O P J A D P G
B E M S O D E R G Y E L R R I S T E N V
L R I K N A R X B R Q P I G S H Z I N F
K N L E T A A Z G W J V L W M P M O F C
S A E O R P P Z M B A P O T P A L B D T
A M M W O V Z W W C C R G Z G I W X O S
K E I D L I X G Y Z D W I K O I A R L B
J B T H S Q P J C O D I N G D K W W U C
```

PAGE 71

```
I Y P T L V S O G I R L V S W I L D I Q
C T S E K B E I D D A M D N A V I L M B
Y T T I K N R O C I N U R H Y O I I A H
F W A G T A S M C J P H R D Q T M W N O
J Z P I T A D W O R S T W I T C N S M V
V N E R W V O R J F I B U L Y E E V E L
S D R L I O P B E N D Q E E B L I N E I
N H A M T L R W E V X B A C O U L A T V
O E U E H Y U L X H I O B A E B U M S A
E N Q E A V N D D G T R U R L L J W W N
L R S T N Q I N S Z H F K S L A G T O D
A Y D S E W C H E I S G F N E C N U R M
D D R W A Y O M D L A T O O L K I O L A
R A I O S T R R Y U L N A G H I K Y D D
E N B R S J N F S Y F E V A R S B K Z D
V G Y L M S K P D T E H N R D H E W J I
I E R D A D Y R N E H P Q D E A R R N L
R R G O Q A W O R S T W I T C H W I F I
S T N A P E R A U Q S B L A C K F I S H
V Q A X F S Q U A R E P L A N T S P R F
```

115

ANSWERS

PAGE 72

```
Z O T D L N J D J X V Y V H I R H A O E
Z R U I W S H P I L T D Q Y G D T I W K
M U U S S G N I R G N I K N I L N N Y J
A B R A C A D A B R T S G S O U A I C J
C B Q P V F W G X D P A A T W Z W D O Y
I E M P S L E N S W Y P L E S U C U I S
C E Q E Y A I X N T P P X L D E I O N L
D R A C T H G I R E H T S S E U G H B E
M P B R N N V D A Z P N R X H R A L E I
A E R I D I P R B O O U D S Y F M G H G
M N A N F E I H Q E B O R C I G A M I H
A C K G R N R U B B E R P E N C I L N T
Z I A Q G O M H E K X B I L A O A O D O
A L D B S E J R Q E Q S H O U D I N Y F
K U A Q S M P K D N A W C I G A M R O H
A L B U O O D W A T E R T O I C E B U A
L A R F N S B C L G G C R Z Q W A D R N
A A A C O W L I N K I N G R I N K L E D
T Z I V M A G I C R O P E E L L E T A A
A L T X T S L E V I T A T I O N P L R A
```

PAGE 73

```
P A S L E D I H O L L A F S F Z M F U J
T O L K E I N Z C A F T E T T D L R S E
H M H R T O O C Q D K C Z Y X A I U M X
E R A G S R M C C O O E S O D N B P A Z
S M L M F N T O R N B B N N H L H K U C
H Q F G V M I D D L E E A R T H J H G J
I S L N P H G G N Z N G U A L V G P N K
R T I I B O G S G D P E G X F T Y G F P
L O N K Q W A W T A L A W O L D H O K O
E O G N T E N Y D B B E D H I R T N R M
Y R S I O I D N K Q S O I E N E J D I T
M U L L O G A E K N R A B H G D K O T J
I N I B F B O D W F E C U L S X J L D A
U C V O R A F N B K N I I R I N Z V O W
G X V G A W W B D Y R D K N O B E Z D T
M E H Z H M O T X O N U H L Q N A K I C
U W M T S A F K A E R B D N O C E S A P
D C B T G O B L I N K I N D D T A Y X O
H Y M N T Z X O T H E S H I R E Z T M Y
F W X C A Y S I Q R D O N Y Y U N Q L D
```

PAGE 74

```
J X E L M H I S T R A W B E R R Y G G V
X V U W E N E V M Z U L J N J E S H R J
D L X S C K S G O D K K R O J V N K U A
E N R Z I O E E O E K V Q N F O O I O Y
N W I G Y Z V I S T J J X S A L O J T M
I V H R 2 D E T I O T Y M O N C T I E R
N U S 2 G K N A C U C O C N C F R A D U
E S A D M O A B A O O M A I A A A O 2 E
T V E Z V B T D L D W K K D K O C T R H
A P T O T O E K S D Z C L U E L J T P P
N H J S T R I H S A E T U O S R U O B O
E K J T I B T A X A H D O L K U K G H R
V N W T K J R N T C N L S X A O D E T T
E A H T I H A V E A N A S K C F M H U S
S O R O C H O C O L A T E C H I P P O A
B B T X J I O T U I Q B Q V S S G G E T
E G G S T R A V A G A N T Y A Z Q G E A
C A T A S T R O P H I C K M X H L L D C
S H F L S A F S G E R O N S O N I D 2 Y
D C O W C U L A T O R L T V S W X X R Q
```

PAGE 75

```
F D W N R U G L B N V T C X R V R L U L
Q U P A X V S H C U G K S E V D M J P G
F Y D X X L I V F M V V G A R R X E A A
M V B V G Y F W H B L G C P E H R L B N
T A N U I O N D S O I U H G D A I T K B
Z H N I M C W U U T O P I Z I F P E N D
X E B Y L B O T E D M T P T L M A E W L
B B B H L R L R W M A Q M U S A T B Y W
G F I R O I A E E R G O U Q D V Y R A L
N F D E O F N M B L S X N B E C B E A V
U K G K Z H Z E D E S W K L R I A B V A
M I H A C K Z Y D E E N Y C A U B M M I
B R C N L G D I E S P M A F E M D U L P
A G A S O R H B I W K I V K D W U C Z A
T T T L W A F O K A P I R V E S B U N T
R M D A N M P N I N B R N T R V T C W Y
P K T R F V S G P J K N U K S B W J R B
I B A O I I L O P M O C W E F K B J S A
H G G C S G X S K J R E L B R A W I A B
O E K F H C U C U M B E R B E A T L E C
```

ANSWERS

PAGE 76

```
J Y O A X A Y G O L O O Z O T P Y R C V
H G Y L A R U T A N R E P U S M S V G E
L O C H N E S S M O G H O U T U L Y S T
W L G S H B L K U Y Q D M L Z K R U Z N
R O G N P S U A X F J L L E W S O R E I
E H M H W I E P M E O A M Z D H N I M T
T C Y J O J R C R R Q L R O D G L G O S
S Y T P L S K I I X O C O E M L K G Y U
N S H G E F T T T O Q N T G A R X E T B
O P B J W U R U P S V N A F I F M G F H
M A U C S V J W R P U J B R J C I Q I T
S R S W O B P A R A P S Y C A U D F F Y
S A T Y R W L A H Q M J T L R P M R A M
E P I M C I T E N G A M O R T C E L E Y
N I N V E S T I G A T I O N Z N S H R Q
H G G W E Z U E N O Y T F I F A E R A M
C Z G T G D Y G O L O F G Z D X L U R J
O B L S U M V W O W N E I L A L A K U K
L O B I U F O L O G Y N B N R K O M T V
P Y K P Z P O L T E R G E I S T P Z P D
```

PAGE 77

```
W G V U P L U J E J L F M J N I Z M L F
A P C A Z I T T R L C D C U I U E G U M
Q L A O X U U G E S C V T A C D U M A Y
E J M H G A X G F C S P N C H R O M S A
Z H Y D T J X C G Z I I U C U V I S Q M
E A N X K R J H H R U O I X V D B C X T
A H O Q J M O T C W N C I V A W W R Y U
T J R R F J P S A H B S X T E L H I T X
L F H A T B E Z R D R Q D G L V S P U X
U A C C I H V D D L F O N H C U P P C C
M B X E X B O S I A Z Q L S Y S M K R A
D O M S P D Y G E O P Z A M C U T A I K
J M P K A S K R L V H U O R D S P E C T
I N S M H Z Z P C N C O I C M B F T E B
R I B O E Q A W W X J I O T O E G E N R
K U M F R T G X S I P D U T C J N M T O
L T Q T G E T A S T O R U X C Z E T E P
S U B Z Q F X D Y U A A M B U R A J P Q
L Y N C B P R A O C T C Y C L I R M X Y
Q X P J X B R R E L M C Q D B V B S S H
```

PAGE 78

```
C K W S B P O S Z C A G O O I C W W L I
L P O N Y E X P R E S S F W N A Z X P C
K C R E K S E S U O H L O O H C S N M B
Z G M K P G E Y Q H U L W M R O H H M C
N P X S A I J T P S V W A L P L E E T S
A F L G R S Q V T E G N I T S E V R A H
Q H Y I Y R N I S L W O L P L E E T S U
J O A Y S L B N I U E Q V S D C S E I I
I R D F E A A L U V E R E Y A K S N W M
P S S Z S K D L O Z O O S P Y S B W O C
R E I X E H H D J G W F R Z A E I L L Y
A D R S S N D I L T C E N L U T E G F P
I N K M R V Q N I E A A O M R T G W E H
R B F J O X Z X A K D M B V V L X W S C
E S U O H T U O T L O A G I O U I S S O
E Z T S U O H T U O S O S C N D S J N W
R X T Z S N Y O X V W S C M X S E E A B
Y S Z M K G G O P E T A A V L J X L P O
S C H O O L H O S E L P F R O O O U E Y
M X F N D L B T S O Y R Q Y G N Y R S O
```

PAGE 79

```
X V E D G T L X K G L S D J L X H Q Q I
E Y J N N B L N A Q M X I S U W Q Y I W
N O D R O U G H T M D F I R S T A I D U
A R A G W L P A S U I R E G N A D G B I
C D E F U Y C H Y C N E G R E M E I M C
I F G S W Y J Y Y R W Z V G R H P A U D
R V O L C A N I C E R U P T I O N H M Y
R R V Q S U R D R A Z Z I L B U T R Z H
U X E S W I L D F I R E P A S D S V S U
H Z F N R Q Z I O H W Y A T R T Z U T R
W R B S G E F T K J K F D X F C P F O R
A O L U U Y S O W G D V S F I E I I R I
R P U O G A V A L A N C H E R K M D M C
N Y Z R T V N U H Y R R C S S D V T C A
I A M E N U S T J C X N T J T J O N H N
N O J G N L X G E A M O I R A R C O A N
T S I N K H O L E H R R S N N Z B B L Q
C M A A H F A P F M Y Q O A G U W T K F
A Q V D J R E S C U E K D T M P B L R G
P F L O O R F C A K O O S F S C L N P Q
```

ANSWERS

PAGE 80

```
R W F X M R F J A S B B L C V Q Q M G X
B T E D S A V E O V E A B K C C B Q X J
I A T X N P Q H V C R R I X L O C P M X
I H C G R S O O I D V G X D O M E N B H
B A L K U H H R U B K A X C T P C B F J
O A O V T J P I R J A I A A H A L A C R
S K T E E O Y O P J A I A A H A L A C R
Q R H T R S W F S P Z H N X S I U K B A
Z I O T B S L S M E I U J Y W S P T G L
B L P S I R E D R O E N I L N O M O M T
H W O N T L K T D A F T G S I V Z S Q Y
J P G E A Z Q Q R T L I F F D C E C B Y
U C S S M P K P R U O N W E R O S H O E
P R S A V I N G Q I O G N E O U J O K Y
H Y L S H O P P I N G C O C S P O O L U
G L S N S J S E O H S H D D Y O H L C S
D D C X Q U S J H P S J X O C N O D K M
G C N S N O S I R A P M O C O S T G O G
V U S Z H B V V C T U S Z Z G F S N C L
T W X H T F V X K N O P U O C W P I V M
```

PAGE 81

```
S H J Z Y N L O O A V E S E A M O N S T
U N S T D O A N K H L U N N I K P F C R
X N P L N S P D L C O C A F E R C S V H
W A O A S K H U A N O D I E S O P I R U
C I S S E C R R B Q U C P U A V L M F N
V P E T L A O O Y I M B M M H R S E S T
A M I O I J D N R O P Q Y A C D I T C E
P I D L F Y I Z I A J E L U H H R R J R
H L O Y D C E F N M C S O C T R E A X S
R O T M O R T H T A E L S G E A V F V O
O L J P G E W H H A O E N T B E O O D F
D S X I I P D P M C T I E H A R R R H A
I E K A M A Y O D J N M X J N A G E M R
T L U N E M N P X T E Y A N N K M T O T
E K I N D S Z X H D G H D C A Z K N Z E
A C H B T A F G T I T A N L O R D U I M
G A F E P F I E W J W R Y K A N E H T A
T R R E L L I F O O G I M E D D F S B S
I O N N C N E H T A P Y J V M R V K R S
N W P I W N C A M P H A L F B L O O D H
```

PAGE 82

```
I N O C W G H S T E I V O M Y R A C S K
E O T A M O T N E T T O R A G Y C N O N
V T H N L 3 D G L A S S E N S O C H R P
J A G T P O P C O R N V H L M G J C R V
L L U T I C K E T D M X S E Q U E M O Z
E K N M Q S U R R O U N D S O U N D U G
U Q A S J H X U X Y O Y E R X A M I N N
Q V I D Y C F F O S E N O H P L L E C F
E H C S T C E F F E L A I C E P S S C R
S J G F H C K L P O W P W S A I G C Y F
E N E W I 3 D G L A S S E S C N U S N G
A F A C J R B X Y P P B O U I S K E O N
P R N C S 3 S H O O H V Y T I C K E T S
R M F A C D H T A F K O A J A N Z J A E
E K C M Z G Z R R F H R E N C I B E L U
V C C A P L S M T O U J S S Y I V L K V
I J Y R S A Y X O M W J Y M O F G E I P
E N W D X S E O T A M O T N E T T O R R
W L J Z Q S F U N X N F T X E G F M B P
S M F O N K A R G N I K L A T O N O H R
```

PAGE 83

```
Z S E U G B G B B S P I G C F O L W O B
C T M F L V C A O K C N J N J I O G D Y
C A F E T E R L A W I J Q D N M U N R G
O N T C O F J L A B L K S Q L Y D I E E
T D I H P E M J B E P S A N R G M S S S
T I U M V A M A U E A C O L Y L U S S N
O N I Y O C D K I M E X U F V O S O E I
N G M G Y O W C Q D P N P O C D I L D G
D A U L R A R N I D N A T S Q H C F U T
Y R N O D I K L Q N G E L P M C I X P U
E O E O S U S P L I C J Y M Z S L P Q F
J U R H R A N R H A D A S Q D K J A S B
O N A S H R C M S C B Y F C D U S I L R
E D C C X Z K K S E N O R E P A H C M X
T I A A E S L O W D A N C E T G J Z B S
L H M D D P A K S J O L W D E S S W N
C I A E C M C B M W W C N B I I R F H E
T G X B A U D I S C O B A K E D A I K I
P F O O R L L A B A N E R A C A M M A S
O I A T C O T T O N E Y E J O E I D Q T
```

ANSWERS

PAGE 84

```
G W Y R S W F K U X A B Y Z H G I Z D M
K N O T I C T Z W A M K R J T C V M R V
M I P Q G D I O O E H A E P E S P E A K
D H J K N R S H V V S T H R X U S S C L
L G T T L A R E P S I H W C T P N S T K
I E A H A C I N F Y N W I Q O N T A S Q
A Z H Y N Y Q O A G L N L P Z E Z G O O
M Q C A G A F P C A A G A T A C D E P G
E K O B U D F H T D N X O B J A F I P P
M E E T I H V O T X G X L R B L X N V V
S E D F S T S N O H U G H X I L L A J G
W P I I H R A O F N E P I A R E Q B Z G
Q S V N L I O H A T G I M J T P H O N E
H U L A D B G L C M E G R Z H F V T W W
V F R E T T E L E P K I K O D Y T T T F
Y W H I S P E D T D U H H W G L G L D T
L H W E B H S X O W M O Q A Y L F E Z L
K C M U L Z M W N G W S R O C A Y U Q Y
J I J J E G A U G N A L N G I S Y P C P
T I J P E J Y Q J K M C I B U S M F H B
```

PAGE 85

```
Z P F P H O T O S Y N T H E T I C D J D
J R K C N O I T A V R E S N O C Y O E F
P X A N F V X M D F O C T D F Q D E C N
O S D I R E E N J Q U A F A R I P N J W
L W T D H R E Y T G X L C N I S A D E G
Y D R A U S T R A L I A J G N H I S L C
S E L R G U A E R U G Y N E G G X Z L A
P R O I W H G D E E I J V R I O I I Y R
Y E S A U Q H C A R I B E A N M I H F I
L G G A W N O J O G L R A Z G R I S I B
O N L O T A R G H P L S R E B U G I A B
P A P A H A N A U M O K U A K E A F C H
K D O R D E W J Q P T J H R B I Q Y R O
W N L H U N D E R W A T E R E T P L O R
U E Y Z S L O Q I A B A U S T R A L P A
L J P S D X W G M O Z Z P G S T C E O J
L I P E R E G N A D N E X Y U Q F J R Z
J S S L A R O C A E S P E E D H L Q A G
P T G M S L E U J N R O H G A T S B L T
T T Z G C D R N A E B B I R A C P F T T
```

PAGE 86

```
Y G T W R L I E X X G S N K Y X O N H C
G R C S U P A L E N T O L O G Y H P R A
O F R U A S O N A T I T C F J R R P A R
L Y H R S K S S Q S S L Y J E E F A B N
O S Z U O K C A J I A L I N H T K R W I
T U M A R H R U B W D G Y I S P H A A V
N R H S E E W R S V U E S K I O E S H W
O U U O T R F O D A J T P W K E R A A Y
E A G L P B X P N D O H I L R A B U H K
L S N A F I H O Y R T D N T P H I R P G
A O X H J V D D I E O L O P T C V O S X
P N D P G O J C E A H V S B F R O L L V
R I V E N R W T C F C R I C V A R O I A
X Z G C A R N I V O R E U N P W E P S Y
T I X Y U W H D Z C E E R G R B A H S R
Q R T H E R I Z I N O S A U N A O U O L
C E X C C S Q T G N V C I M B G C S F U
C H P A A K E U R O T P A R O R C I M F
G T W P H S U R U A S O N I P S I O Z F
V T I T A N O S O A R O I S Z K W R N Q
```

PAGE 87

```
A J P Y U M Q G T V J J Z D X A B H Y A
I I C B G D L P L K F O W B F I N I I D
B P H I L O P H O B O A W Y M B F B D Z
O P A S A I B O H P O R U L E O O X A I
H A V G V T B H A C H L U O P H O B I A
P I L J O A I B O H P O O Z P P E O B I
O H B S V R D B F R B W C E C O H V O I
H O I A S T A P H O B I M B S N A C H Y
T H C L G H V P K M O O K Y A A V O P E
I P M N O T H Y H O C N A A S T D K O Y
N O I E X P A I B O H P I N M O S D N K
R N S U L L H R S P B P P T H B P P H A
O H O T N O R O I H K I Y E O T C H C T
O C P L A B N L B F U R A P Q E V O E F
M E H W J S S X N I G C T C H D B B T Z
D T O W O M O M P H A L O P H O B I A N
C S B F K D N C H R O M O P H O B I A G
W A I B O H P A R T S A B O D D I J A G
R T A I A U X A I B O H P O R T A I X I
B W Z A I G O H P O S Y M K P T X E T O
```

119

PAGE 88

```
P B U W Q C P R E G E N D Q A W M S R W
S F T N I A Q R A V W N N J T A L K D S
N L T F B Z U M A L G O E Y M D P L W R
P A B O I O I I G N X I W D J J I T B E
W N J L E N X L M L K Q M C U I Y H G L
U O N D G M S I Z T X S U Z E S I G T I
L I R T K M W T N L U Q S M A D O G K A
P T G V S A Q B R G X F I E Y D O N W R
R A S S N H O W G U O F C D Y S F I J T
Y C W H G S N O I T C E L L O C V G B A
U U X O Y O V K T G R T S Q C D N G E R
B D L W W C L G Q C I Q I X B M Q O D O
U E W S H O J X A U E G Q O F H K L N W
X I K C D V O S E M E M A V N V S V F X
E C O O K I N G B G V W J F K A N X F O
T U L A V C U S R D M W Q A A V L S S T
I Z L U E E L D S T S I L N E T P O T W
J P D A I I O G V Q O E S W E I V E R O
B D N Q M M P N O I T A M I N A X Y K H
V P E E Q N P J M I L U A H F T T L E U
```

PAGE 89

```
Q F A J G K O A L S T V S K B I T H K E
G I R O T O O F Y U U B J K I Z H X F D
N G N E T I R W R P D A W Y W X R U R A
Z N H V C O J D S E T R Y F L K A Z I R
G Z E Y X K V L A R C B A F U L T N E G
R B Q P V V L X L F M K N R I C A Z N H
E S O U P S I E L U P I L E Y M O S D T
E Q F A M I L Y Y D W I H E A Z F Q S R
N F U S F Z F O J G D S S E J A O V A U
K B G H O H Z U F E O E G I R U D A E V
A R G Y U U Q N R Q H D O L S E I F T T
G O E N R G P S E P U R E Y S T T C D L
G T N R T I W Y E F R Y L L G P E W E U
C H G E H M J T D P I H S D N E I R F D
I E Z T G W E E M R P E T E Y W U I S A
M R X S R R A W A M M A R G A R E T Z G
Y S E I A F T Y N O I T C I F J S E E N
S H B S D S S I F F Z S Q T A V B R G U
Y D U A E U C J F B E U P S X H F P M O
J W M N O O R A G N A K N E E R G A K Y
```

PAGE 90

```
A R R R D R E P O O C S M A E R C E C I
C H E E E S E G R A T E R E B M A E A P
T C F T T N U N D Y P N U A L O O P K E
O U R J F E E D R D D B B V Z C F W E S
N M C E W I M P P I Z Z A S T O N E P S
P O I G A C S O O U H Q I I P O X O A G
L R O X J M E C M N C O F F N K O L N V
C T I P I V S F R R A G P T M B T X W S
U A Z C S N Z C N A E C N E X A E R J M
T R P J C Q G L O E O H I I N Q E N N K
T A M I X I N G B O W L T D R T L C E E
I N T A Z G K R B Q P J P T A U O P R F
N D A O N Z N A B O T E E R I O S T P I
G P P O G D A T T H P U G S K M G A U N
B E E V C G O E F P J E L B P A E Z E K
O S K G Y J S R E U S N O Z F T B R E M
A T A E T H E R M E M O T E R O C F H R
R L C D S Q O I E F K Q I I I P R A B G
D E M E E A H H Q S B O O K B O O K C V
Y X W K Y L C A K E M A N D O L I N E T
```

PAGE 91

```
M P W X N N U Z V N I W E P P U G R U S
M L P I Y D P A T S L P A R R O N E V P
K P A C G C T J V I G U A N O G M D P K
Z T A W F U C O C K A T O O L T R A I W
G F A P R H A A A B X U T B B A R G P Y
E E T T P R K N L S N A K E S R U N S D
E R L X M O U S E Q K S T L O A I K D K
E E T P A D P A R A K E E T N N T X H C
L T O T Y T J Z C N A T D A C T T O R E
R G M E Z A L H U C L E R R I U Q S K G
R A V R J K F T U A H S I F D L O G U J
I U D R X C W P X C L K G S L A E I H C
U R Z E L O P W H F B L F O V Y N G A E
Q A F F P I F Y C Q L I I E R E D E M F
S F F T G M A T P X Y B A H A F M C S N
L E I T A K C O C P J R M P C T T K T I
I G E C K R N K K J U E I A L N O K E U
X C E L B R E G I C I G Q K G I I O R O
T I B B A R C H A M E L E O N O F H V Y
I U N E H E D G E H O G X X K V A X C A
```

ANSWERS

PAGE 92

```
W T W A S H I N G T O N Q I F R H Z J M
H L I B B M H H U U Q A G Y I G V Y A P
E I O C R A D D G S O N N Y U A S Y C Y
K N D H J X N E Q K Y I L O M A A D U B
X C R U T H B A D E R G I N S B U R G S
P O S R L L A D O O G E N A J Q W R M B
J L P C V T Z R W A C T C I O D D O A O
A M O H A B V Q P P H O O G L S O E L J
C G S I Q R H J M O N W N L B W Y L A E
K U A L E E G E K S U T M N R H O I L V
I H Y L N L O C N I L V A E O T O R L E
E A H L L G W X J I A L L I X R Q G A T
R M G A L L I L E O T L A Q Y C U V U S
O I D A M I I M Q C E R L H K D U S L Y
B L C Y N I F L L K M I A I C K K M I H
I T E D I D O N N N E I U M A R Z M M C
N O O O F E H E D N V T N O H F U Y J G
S N L N G D L I Z O V E R I D N A H G W
O S T E V E J O B C I T S Z T J T P C B
N F R O H F P A U O L E G N A A Y A M X
```

PAGE 93

```
O I B U B P C X Q T O U T A N E F N E O
Z Y A N Z O D R A O B W O N S I R Z O L
E E Z B J B X G B Z T K T R I K E Q L G
L S Q Z S S O R C R E D R O B X E C Y E
Y N N S U C N R K A Q R N L D M S Y M D
T O Q E Z C H O D W A U E Y C J T I P I
S N D M W Y N Z W E N U F M B I Y U I R
E I T A X B V A H B R R O P A X L Z C E
P P H G G I O A G P E R D I O G E P K E
O L O X V O L A M E R A L C F A X L S R
L A Q Q K F Z B R I T X R S I Z L B H F
S Z S R P R P I S D J O Z D P C K B S S
N M I I L G D R D Z W H U U F N L C J A
G T P G E I Z R H R W D N T T I H P V K
M E E R N P W F K F L L B R A R E G R Z
E O A G W B T S R M J I B B I N G B I R
N R X A G T R O P S R E T N I W T F A J
D X J M C M O R R I C A W P R D K S G B
A N D E R S O N V K F A L M Z O I N I V
K M B S U P X J A N I A T N U O M T B V
```

PAGE 94

```
K J W A H Y N O T K X Z Y T R C B T X Y
I C A F M Y K R Y E S L A I R E A O Y G
W L F V P B O E E N V E R T R A M N A V
S T E A M E D L N O S E G R I N D N I C
R E P S A C F L L I U B J R W S E K O A
C K B J R C J A J I P A M C T W I S T S
T N N G T Q Q B S E E H F Q Q T E D V P
T O O L R E A A I O S S I L L O P F I E
V S N S E I I C T G I Y L M S A J L X A
D E B Y V I P K H A S E A K W P F O F O
N G Z E H Z T B X K P A X T K J Z E S
Q R Y P J A R Z A C N T T W C Q Z K C W
W I G I B F W E I P E H I I P Q I A Q Q
Y N B P W I T K M B E V K Z S C C E A B
L R X F W N V M O A S H E C K L E R F I
A E O L J O U A X B E O Z F G C Y I H G
R E Y A X L R Z D Q Y T L G C S O A Y S
L A D H L D D U E D I L S I L A R L H P
B D K E D W H E E L B A S E O R B N K U
U C N I P S G I B L S U S J T R S R U N
```

PAGE 95

```
T N R B I Z X R L B S U H T R K S H N L
O Z O T U G E D I U G R U O T O C H R N
U M E T I Z O P Z J M P Q X T A H I J S
R O Q X H I S T O R I C S I T T O K W H
G M U I R A T E N A L P P O D P O Z A H
U G C Y T I S R E V I N U U R E L U Y C
I T Y E V K F M H Q M X O W K P S C R N
D S I R K O M V V J Y C Y X G M P T E U
H I S T O R I C S I T E A U V T E S L L
Y I J Z I T T A S R E H C A E T R T L G
H E K M U E S U M E C N E I C S M N A N
V I T E M Q L I Y F A R G H N H I E G I
G H S U B L O O H C S P Q P K J S R T R
J D F T Z Y J K A L G G G W N P S A R B
D X Y E O J X A Q U A R I U M K I P A G
M V F Q A R I Y E Z D R A H C R O S D U
G J U A X Y I T A N L N U P Y L N S T F
T Y J D R A H C R P O H S T F I G A C Q
D W W E S M J E S U T V W X A F W L O Q
B F R I P G I F T S H O E Z D N X C I N
```

ANSWERS

PAGE 96

```
F G G K G H A R I A N S E L T T A R S E
K B K I D Q C C C Z W C Y K P E O S Y C
S O Q R L L G N I P P A N S E G G O L Y
F D M Y D A E H R E G G O L T Y K X I V
Y W X O M R B O A C O N S T R I C T O R
Y S I M D E T H C R O C O D I L E Q O W
O E L O L O G N K N I K S A I K G T M L
Q A I N E L D Y B X V A I V F B I H J C
D T V I P E R R W F B O L V T N L H S E
U U E T K B A B A M B D O J O R A E K E
T R D O B N I L A G Y E W M R A M N I S
M T Y J R F F M L N O C A N T U O Y N I
A L N W D N L K R I E N T C O T N K E O
M E R O A Y G O U K G L V C I I S G S T
B M O P V F H J C N M A Z N H B T W E R
O D H Z M T L H K C R N T S E O E O G O
B E T E H N U U M Z O T X O U K R P R T
R R T B A S I L I S K B D Z R H M Q Z S
N M Z I C H Y E Q O P I R S M C A N X H
L V E K E K A N S E L T T A R I Y U I G
```

PAGE 97

```
Y O R B X U O R G S A C Z N X T S M M L
V L H J C P F L C U O L Y M P U S X D Z
Z C K M H H A N X P S X R C G Q L L I E
B E N K A E B P A M A Z O R L G B R T D
V R U X D R D F O Y Q K C T F O X I G B
O B J Y E M T X T L S Z A U Y J P I N O
L E V K S E V E A O C E R B E R U S E I
L P O H R S C K E T S K E J Q U O O O S
O U X Z E G W X K N H W H W K T V K Y U
P S Y B V P P M I U M E H D S C D R D E
A I T S E H H V N O S E N I G B T E B Z
T R Y X C Q K A O M S W A A B T N T W P
R E L U C E V E I O M I D K H W O E G A
V N G S D C Z F B S H A S C A A Z M B N
T S G W F D T W M P T P Y E R R A E L E
D W S L Y N I R E A P O L L M T M D V T
I E C D E E N H F R T D S D A E A M N A
S Z V R C E Z Y D P W T C E M M N F P C
D O I W J I E C Y V T L M M D I E S J E
P S V H L L M U T I I T S E H S O F Z H
```

CPSIA information can be obtained
at www.ICGtesting.com
Printed in the USA
BVHW091219071219
565871BV00004B/4

9 781641 525